Como CRISTO
Sobrenatural

Juan J. Vasquez

Diseño de cubierta: Juan J. Vasquez

Imagen de cubierta: "Healing of the Blind Man," por Brian Jekel

ISBN-13: 978-0-9991254-2-7

E-book ISBN: 978-0-9991254-3-4

Impreso en Estados Unidos de América

Printed in the United States of America

Agradecimientos

Primero, quisiera dar gracias a Dios por darme la habilidad de terminar este libro. Todo lo que he logrado ha sido por Él. Él me ha preservado, salvado y me ha sanado. Toda la gloria le pertenece a Jesús. En segundo lugar, quiero agradecer a mi esposa por todo su apoyo y aliento durante el proceso de escribir este libro. Ana K., mi amor, mucha gente no llega a ver lo que haces detrás de las cortinas, pero ciertamente yo lo veo. Eres increíble y no te cambiaría por nadie más en el mundo. Quiero agradecer a mi padre, Juan Vásquez, mi madre, Carmen Bello (sin ustedes no estaría vivo hoy), mi abuela Isabel Espinosa, y a mi padrastro Alexis W. Mendoza, por cada sacrificio que hicieron al criarme. Por último, quisiera agradecer a mi familia de sangre y en Cristo. Ustedes han creído en mí y han estado conmigo durante todo el proceso de escribir este libro. Quisiera agradecer especialmente a mi familia y amistades por leer, comentar y ayudarme a editar las versiones en inglés y español de este libro. Los amo.

Dedicación

Dedico este libro al reino de Dios y a la iglesia universal del Señor Jesucristo. Yo oro que sean edificados y equipados para cumplir la Gran Comisión con poder y amor.

Contenido

Prefacio

Voy a ser completamente honesto contigo. Al escribir este libro tengo dos metas, que son:

1. Convencerte de que la forma más eficaz de evangelizar a los perdidos es a través de la predicación del Evangelio y la operación en los dones y el poder del Espíritu Santo.
2. Motivarte a enfocar tus mayores esfuerzos en ganar a los perdidos a través de este tipo de evangelismo.

Creo que el evangelismo de poder[1] - la predicación del Evangelio, junto con una demostración del poder y los dones del Espíritu Santo - es la forma de evangelización del Nuevo Testamento. Creo que el evangelismo de poder es la forma de evangelismo que Jesús practicó, les enseñó a Sus discípulos y fue practicada por la iglesia primitiva.

Es mi convicción de que todo lo que hacemos para evangelizar debe funcionar como un complemento al evangelismo de poder. Debemos alimentar a los pobres, vestir al desnudo, visitar a los presos y realizar la justicia social. Pero cuando sustituimos, en lugar de complementar el evangelismo de poder con estas buenas obras, pero aun esfuerzos del hombre, terminamos pescando para los hombres con líneas cuando podríamos hacerlo con redes.

Hay vidas en riesgo. El tiempo se agota. Millones de personas están pereciendo. Es hora de que hagamos el trabajo con las herramientas y las instrucciones dadas a nosotros

---

[1] Esta frase, "evangelismo de poder," no es mía. Oí por primera vez este término de John Wimber, uno de los miembros fundadores del movimiento Vineyard.

por Dios. El evangelismo del Nuevo Testamento es el evangelismo de poder. Y el evangelismo de poder era el tipo de evangelismo que Jesús practicaba.

Si queremos seguir en Sus pasos; si queremos ser *Como-Cristo* en nuestro modo de evangelizar, entonces nuestro evangelismo debe ser *Sobrenatural*.

"Síganme y Yo Los Haré Pescadores de Hombres"

"¹⁰… Pero Jesús dijo a Simón: No temas; desde ahora serás pescador de hombres. ¹¹Y cuando trajeron a tierra las barcas, dejándolo todo, le siguieron." (Lucas 5:10-11)

Esta historia en Lucas 5:1-11 sirve como un gran ejemplo de la eficiencia de evangelizar como Jesús. En esta parte Lucas nos dice que Jesús vino a un lago en Galilea. Él les estaba enseñando a un grupo de personas, más probablemente acerca del reino de Dios. Parece que mientras enseñaba, el grupo se convirtió en una multitud y con el fin de continuar la enseñanza se subió en el barco más cercano que le pertenecía a unos pescadores. El agua proporcionaría una cierta distancia entre Él y el crecimiento de la multitud y también proporcionaría una gran acústica para que la gente lo oyera mejor.

Cuando Su mensaje llegó a su fin, se volvió y le dijo a uno de los pescadores que se llamaba Simón Pedro, que se fueran a aguas más profundas. Jesús quería llevarle a él y a sus compañeros en un viaje de pesca. El único problema, según Pedro que era un hombre de negocios y un profesional en la captura de la pesca, fue que no había peces en ese momento del día. De hecho, Pedro y sus compañeros habían estado pescando toda la noche ¡y no pudieron pescar nada!

Pero parece que por respeto a este rabino, Pedro hizo lo que se le dijo. Se dirigió hacia aguas más profundas y echó las redes. Inesperadamente, el agua empezó a burbujear, ¡y las redes comenzaron a llenarse! Pedro y su equipo corrieron para subir a los peces, pero la pesca fue tan grande que las redes se rompían, y él clamó a sus socios, los Zebedeos, para que les ayudasen. La pesca era tan grande que aún, con dos barcos y varios pescadores, sus barcos casi se hundieron.

Cuando Pedro se dio cuenta de lo que pasó, el miedo se apoderó de su corazón y cayó en reverencia ante este santo hombre de Dios. Luego confesó su pecado. Pero en lugar de ser rechazado y condenado, Jesús le hizo a Pedro y a sus asociados una propuesta - "Síganme, y os haré pescadores de hombres" (Mateo 4:19).

Ahora, sin mirar más lejos, esta historia parece ser nada más que un relato de cómo Jesús llamó a un grupo de pescadores. Pero creo que también es una ilustración de cómo Jesús evangelizaba. Y en realidad hay algunas lecciones que podemos aprender de esta historia.

1. Nuestra manera de capturar a los "peces" no es tan eficaz como la de Jesús

Aunque Pedro era un pescador exitoso y profesional, cuando este carpintero convertido en rabino llegó, las cosas cambiaron. Bajo las circunstancias más extrañas ¡Pedro atrapó más peces en un día de lo que probablemente habría atrapado en un año!

No estoy abogando para que renunciemos a todos los esfuerzos que envuelven el ingenio y el esfuerzo humano, pero estoy mirando hacia un futuro en el que no exageremos la importancia de las cosas menores y menospreciemos las cosas mayores. Seamos honestos, ¿a dónde nos han llevado todos nuestros programas, conciertos y servicios? Nos ha dejado con una iglesia que está estancada, disminuyendo y cada vez más secular, especialmente en el Occidente.

2. La manera de Jesús capturar a los "peces" es sobrenatural

Entonces, ¿cómo fue que tantos peces se reunieron en el lugar correcto y en el momento adecuado? Pedro y su equipo ¡habían estado ahí toda la noche! O fueron milagrosamente atraídos por Dios, o Jesús tuvo una palabra de ciencia de dónde estaban. De cualquier manera, ¡la pesca fue sobrenatural!

Como vamos a ver en los siguientes capítulos, una y otra vez las personas fueron llevadas a la salvación a través de los encuentros sobrenaturales. No hay nada natural en el Evangelio. Este evangelio debe ser proclamado y demostrado de manera sobrenatural. Y cualquier presentación del evangelio sin lo sobrenatural es menos de lo que Dios quería.

3. La cosecha que vendrá de seguir el ejemplo de Jesús será tan abundante que vamos a necesitar más trabajadores

Me imagino a Pedro y a sus compañeros de trabajo lanzando sus redes una y otra vez durante la noche antes de que Jesús llegara a su orilla. Pero cuando Jesús entró al barco y ellos obedecieron Sus instrucciones, fueron testigos de un milagro - ¡una captura de peces más numerosas de lo que podían manejar a una sola vez!

Esta forma de evangelismo traerá una cosecha de almas tan grande, que necesitaremos la colaboración del cuerpo de Cristo, trabajando en conjunto como un cuerpo, para discipular a estas personas.

Lo que hizo Jesús con estos pescadores ese día tenía la intención de ser una lección para ellos. Incluso, estaba implícito en su invitación: "Ustedes no han visto nada todavía. Síganme, observen mis caminos, imiten mi ejemplo y van a 'pescar' muchos hombres, así como lo hicieron con estos peces en este día" (mi paráfrasis).

Mis hermanos, les ruego que sigamos el ejemplo de Jesús. La cosecha es abundante, la cosecha está madura. Dios sólo necesita obreros que estén dispuestos y sepan cómo seguir Su ejemplo. Vamos a ser como Cristo en nuestro evangelismo. Su forma de "pescar hombres" es mucho más eficaz, abundante y de larga duración. Permitan que las palabras de Jesús resuenen en su espíritu, "Síganme y yo los haré pescadores de hombres."

Jesús

"*³⁸cómo Dios ungió con el Espíritu Santo y con poder a Jesús de Nazaret, y cómo éste anduvo haciendo bienes y sanando a todos los oprimidos por el diablo, porque Dios estaba con él.*" *(Hechos 10:38)*

No hay ninguna mención de Jesús haciendo cualquier cosa milagrosa antes de comenzar Su ministerio públicamente a la edad de 30 años. Pero tan pronto que fue bautizado en el agua por Juan el Bautista, el Espíritu Santo vino sobre Él, una voz audible desde el cielo afirmó Su posición de hijo y fue llevado al desierto por el Espíritu donde Él se enfrentó y venció varias tentaciones de Satanás (Mateo 4:1-11; Marcos 1:9-13; Lucas 4:1-13).

Inmediatamente después de esto, Lucas registra que, "Jesús volvió a Galilea en el poder del Espíritu..." (4:14). Luego, entró en una sinagoga donde leyó una profecía que definiría y resumiría el trabajo que Él estaba allí para hacer:

"¹⁷Y se le dio el libro del profeta Isaías; y habiendo abierto el libro, halló el lugar donde estaba escrito:

¹⁸El Espíritu del Señor está sobre mí,
Por cuanto me ha ungido para dar buenas nuevas a los pobres;
Me ha enviado a sanar a los quebrantados de corazón;
A pregonar libertad a los cautivos,
Y vista a los ciegos;
A poner en libertad a los oprimidos;

¹⁹A predicar el año agradable del Señor."'
(Lucas 4:17-19)

Esto es lo que Isaías profetizó acerca de Jesús. En primer lugar, Él sería ungido y tendría poder porque el Espíritu Santo estaría sobre Él (v18a). En segundo lugar, Jesús iba a proclamar un mensaje de salvación y liberación a las personas (v18b - c, 19). En tercer lugar, Jesús iba a sanar a los enfermos físicamente (v18d). Y, por último, que Jesús iba a liberar a los oprimidos (v18e).

En otras palabras, el ministerio de Jesús implicaría poder, proclamación, sanidad y liberación. Esto es exactamente lo que vemos una y otra vez a lo largo del ministerio de Jesús.

"³⁹ Y predicaba en las sinagogas de ellos en toda Galilea, y echaba fuera los demonios." (Marcos 1:39).

"²³ Y recorrió Jesús toda Galilea, enseñando en las sinagogas de ellos, y predicando el evangelio del reino, y sanando toda enfermedad y toda dolencia en el pueblo. ²⁴ Y se difundió su fama por toda Siria; y le trajeron todos los que tenían dolencias, los afligidos por diversas enfermedades y tormentos, los endemoniados, lunáticos y paralíticos; y los sanó. ²⁵ Y le siguió mucha gente de Galilea, de Decápolis, de Jerusalén, de Judea y del otro lado del Jordán." (Mateo 4:23-25).

Si Jesús estaba en una reunión social, tales como las bodas de Caná (Juan 2:1-12), o quedándose en la casa de un amigo (Mateo 8:14-17), o viajando de un lugar a otro (Mateo 14:22-36) lo sobrenatural no estaba demasiado lejos. Dondequiera que iba, Jesús no sólo enseñó y proclamó el reino sino que también demostró su realidad a través de la sanidad de los enfermos, la liberación de los oprimidos, y las señales que Él hacía.

Este dúo de la proclamación con la demostración trajo multitudes para escuchar a Jesús, buscar a Jesús y creer en Jesús. Jesús era el sumo pescador-de-hombres. Él evangelizó con poder. Su evangelismo era sobrenatural y la gente lo sabía.

> "^{22} Y se admiraban de su doctrina; porque les enseñaba como quien tiene autoridad, y no como los escribas. ^{27} Y todos se asombraron, de tal manera que discutían entre sí, diciendo: ¿Qué es esto? ¿Qué nueva doctrina es esta, que con autoridad manda aun a los espíritus inmundos, y le obedecen? ^{28} Y muy pronto se difundió su fama por toda la provincia alrededor de Galilea." (Marcos 1:22, 27-28).

Las personas estaban acostumbradas a las enseñanzas áridas y sin poder de los fariseos. Pero entonces vino Jesús, y demostró que el Dios que abrió el Mar Rojo y guió a los israelitas en el desierto con la nube y el fuego aún estaba activo y presente en su día.

De la misma manera, la gente hoy en día tienen hambre de algo real. Han visto una forma de piedad sin ningún poder. Lo que necesitan es una iglesia operando en lo sobrenatural al igual que su fundador Jesucristo. Yo no estoy hablando de emocionalismo, o de mucho humo sin fuego. Estoy hablando de evangelismo de poder - la predicación del Evangelio con las señales que le siguen.

De principio a fin, así es como Jesús operó. Así fue como Él evangelizó. Cada paso de Su jornada y ministerio, de Galilea a Jerusalén, fue lleno de evangelismo de poder. Incluso en el momento de Su detención Jesús sanó la oreja de uno de Sus perseguidores (Lucas 22:51).

Hay que seguir en Sus pasos. Él nos enseñará como pescar a los hombres. Su forma es sobrenatural y es la más eficaz. ¿Te atreverías a tomar este reto?

Los Doce

"⁴³ Y sobrevino temor a toda persona; y muchas maravillas y señales eran hechas por los apóstoles." (Hechos 2:43)

Después de comenzar Su ministerio públicamente, Jesús comenzó a reunir un gran número de seguidores. Las personas se sentían atraídas a Él debido a Su compasión por los enfermos y Su amabilidad a los pecadores. Su enseñanza era nueva, radical y con autoridad. Este hombre no tenía miedo. Además de esto, lo sobrenatural acompañaba Su enseñanza y predicación dondequiera que iba. Él estaba en una misión y nada podía detenerlo.

Pero Él necesitaba ayuda. La cosecha era abundante y los obreros eran pocos. Además de eso, después de completar Su objetivo y volver al lugar de donde vino, ¿quién continuaría el trabajo? Jesús decidió elegir a doce hombres. Doce al igual que las tribus de Israel.

¹²En aquellos días él fue al monte a orar, y pasó la noche orando a Dios. ¹³Y cuando era de día, llamó a sus discípulos, y escogió a doce de ellos, a los cuales también llamó apóstoles: ¹⁴a Simón, a quien también llamó Pedro, a Andrés su hermano, Jacobo y Juan, Felipe y Bartolomé, ¹⁵Mateo, Tomás, Jacobo hijo de Alfeo, Simón llamado Zelote, ¹⁶Judas hermano de Jacobo, y Judas Iscariote, que llegó a ser el traidor. (Lucas 6:12-16)

Estos serían los hombres que continuarían Su trabajo y Su misión, a Su manera. Estos serían los hombres que Él entrenaría y enseñaría a creer y hacer lo mismo que Él. Ellos edificarían y expandirían Su reino.

Ahora ¿qué vieron los discípulos a Jesús hacer después que Él los eligió? ¿Qué experimentaron cuando se quedaron con Él noche tras noche? No tenemos que buscar mucho. De acuerdo al relato de Lucas, en el siguiente versículo vemos,

> "[17] Y descendió con ellos, y se detuvo en un lugar llano, en compañía de sus discípulos y de una gran multitud de gente de toda Judea, de Jerusalén y de la costa de Tiro y de Sidón, que había venido para oírle, y para ser sanados de sus enfermedades; [18] y los que habían sido atormentados de espíritus inmundos eran sanados. [19] Y toda la gente procuraba tocarle, porque poder salía de él y sanaba a todos." (Lucas 6:17-19)

Su primera lección sobre cómo continuar la obra de Cristo, sobre la manera de pescar a los hombres era:

1. Enseña al pueblo
2. Sana al pueblo
3. Liberta al pueblo

La gente vino a escuchar a Jesús (v18). El resto del capítulo 6 se dedica a lo que en realidad les enseñó. Las personas tienen hambre de oír la palabra de Dios no adulterada. La palabra de Dios trae esperanza (Jeremías 29:11), aumenta la fe (Romanos 10:17), provee guía y dirección (Salmo 119:105), es capaz de enseñar, reprender, corregir y entrenarnos en justicia (2 Timoteo 3:16 -17), y nos hace sabios para la salvación (2 Timoteo 3:15).

Jesús predicó y enseñó el evangelio del reino, ya que por sí solo es capaz de salvarnos (Romanos 1:16). Pero noten, que también lo demostró y lo confirmó con lo sobrenatural (Lucas 6:18-19).

Si vamos más allá en el Evangelio de Lucas, podemos ver que los discípulos continúan viendo a Jesús repitiendo este patrón. En 7:1-10 Él sanó el criado de un centurión con Sus palabras. En 7:11-17 Él resucitó al hijo de una viuda de entre los muertos. En 7:18-23 Jesús le señala a Sus obras sobrenaturales como una demostración de su misión e identidad. En 8:1 Él va de pueblo en pueblo proclamando y anunciando el reino de Dios. En 8:22-25 los discípulos son testigos de ver a Jesús ejercer Su autoridad sobre la naturaleza. En 8:26-39 Jesús libera a un hombre poseído por una legión de demonios. En 8:40-56 El sana a una mujer y levanta a una niña de entre los muertos.

Entonces llegamos en torno al capítulo 9, donde Jesús ahora espera que Sus seguidores pongan en práctica lo que han estado viendo en Sí mismo. Esta era la manera de cómo debían evangelizar, pescar a los hombres, y establecer y expandir el reino de Dios:

> "Habiendo reunido a sus doce discípulos, les dio poder y autoridad sobre todos los demonios, y para sanar enfermedades. ² Y los envió a predicar el reino de Dios, y a sanar a los enfermos." (9:1-2). "⁷ Y yendo, predicad, diciendo: El reino de los cielos se ha acercado. ⁸ Sanad enfermos, limpiad leprosos, resucitad

muertos, echad fuera demonios; de gracia recibisteis, dad de gracia." (Matthew 10:7-8)

Cuando los discípulos regresaron de su corta misión, ellos le informaron de todo lo que pasó (9:10). Y luego Él volvió a Su rutina normal de predicar el Reino y sanar a los enfermos (9:11).

¿Puede ver el patrón? ¿Puede ver lo que era el evangelismo en los ojos de Jesús? Es la proclamación junto con la demostración. Esto es lo que Él les enseñó a Sus seguidores que hicieran. La forma como Jesús evangelizaba era por medio del evangelismo de poder. Y el evangelismo de poder es la forma de evangelización del Nuevo Testamento.

Incluso, antes de que Jesús dejase esta tierra, le recordó a Sus discípulos,

"[15]... "Id por todo el mundo y predicad el evangelio a toda criatura. [16] El que creyere y fuere bautizado, será salvo; mas el que no creyere, será condenado. [17] Y estas señales seguirán a los que creen: En mi nombre echarán fuera demonios; hablarán nuevas lenguas; [18] tomarán en las manos serpientes, y si bebieren cosa mortífera, no les hará daño; sobre los enfermos pondrán sus manos, y sanarán."

[19] Y el Señor, después que les habló, fue recibido arriba en el cielo, y se sentó a la diestra de Dios. [20] Y ellos, saliendo, predicaron en todas partes, ayudándoles el Señor y confirmando la palabra con las señales que la seguían. Amén." (Mark 16:15-20)

Ahora, cuando Jesús murió y subió al cielo, los discípulos continuaron Su obra de la misma manera. En Hechos 2 fueron sobrenaturalmente llenos del Espíritu Santo y Pedro proclamó la palabra de Dios. Como resultado se salvaron tres mil personas (2:41). En Hechos 3 Pedro y Juan sanaron a un paralítico y luego predicaron. Al final del día, cinco mil hombres fueron salvados (4:4).

Podría seguir, pero creo que usted has entendido el punto. Lo sobrenatural + la predicación del Evangelio = evangelismo de poder, lo cual resulta en una gran cosecha de almas.

Así evangelizó Jesús. Así fue como Él ganó a los perdidos. Esto es lo que Él les enseñó a Sus discípulos. Entonces, ¿esto es lo que usted estás haciendo hoy?

La Iglesia Primitiva y Más Allá

"³⁹ Porque para vosotros es la promesa, y para vuestros hijos, y para todos los que están lejos; para cuantos el Señor nuestro Dios llamare." *(Hechos 2:39)*

Uno de los mayores argumentos de los cesacionistas[2] hacia la continuación de lo sobrenatural como una parte normal de la vida de la iglesia, es que su propósito fue para traer validez o confirmar a los apóstoles y la predicación del Evangelio. Pero hay un problema con esta idea de argumentación - los apóstoles de Cristo no fueron los únicos que se movieron en lo sobrenatural y evangelizaron a los perdidos con poder.

Después de la exitosa misión de los 12 apóstoles, Jesús decidió enviar 70 discípulos más para continuar la obra que Él había comenzado.

"¹Después de estas cosas, designó el Señor también a otros setenta, a quienes envió de dos en dos delante de él a toda ciudad y lugar adonde él había de ir… ⁸En cualquier ciudad donde entréis, y os reciban, comed lo que os pongan delante; ⁹y sanad a los enfermos que en ella haya, y decidles: Se ha acercado a vosotros el reino de Dios.'" (Lucas 10:1, 8-9)

---

[2] Aquellos que creen que la práctica regular y las manifestaciones de los dones del Espíritu Santo "cesaron" en el primer siglo después de la redacción del último libro de la Biblia.

Y cuando habían regresado de sus propios esfuerzos evangelísticos,

"[17]Volvieron los setenta con gozo, diciendo: Señor, aun los demonios se nos sujetan en tu nombre. [18]Y les dijo: 'Yo veía a Satanás caer del cielo como un rayo. [19]He aquí os doy potestad de hollar serpientes y escorpiones, y sobre toda fuerza del enemigo, y nada os dañará. [20]Pero no os regocijéis de que los espíritus se os sujetan, sino regocijaos de que vuestros nombres están escritos en los cielos.'" (Lucas 10:17-20)

Ahora, aquí está este grupo de creyentes anónimos que fueron a evangelizar y se les dio las mismas instrucciones que a los 12 apóstoles. Debían proclamar el reino y sanar a los enfermos. Cuando regresaron, ellos reportaron que incluso echaron fuera espíritus (v17).

Si continuamos en el libro de los Hechos nos damos cuenta que después de la elección de los primeros diáconos de la iglesia, un hombre llamado Esteban estaba haciendo lo mismo que Jesús y los 12 apóstoles ¡mientras servía en las mesas! "[7]Y crecía la palabra del Señor, y el número de los discípulos se multiplicaba grandemente en Jerusalén; también muchos de los sacerdotes obedecían a la fe. [8]Y Esteban, lleno de gracia y de poder, hacía grandes prodigios y señales entre el pueblo." (Hechos 6:7-8).

Dos capítulos más tarde otro diácono, Felipe, decide ir a evangelizar mientras huye de la persecución y el mismo patrón se observa en su ministerio.

"⁴ Pero los que fueron esparcidos iban por todas partes anunciando el evangelio. ⁵Entonces Felipe, descendiendo a la ciudad de Samaria, le predicaba a Cristo. ⁶Y la gente, unánime, escuchaba atentamente las cosas que decía Felipe, oyendo y viendo las señales que hacía. ⁷Porque de muchos que tenían espíritus inmundos, salían éstos dando grandes voces; y muchos paralíticos y cojos eran sanados; ⁸así que había gran gozo en aquella ciudad." (Hechos 8:4-8).

Así que, esto es lo que podemos concluir acerca de lo que hemos visto en las Escrituras. El evangelismo de poder es la forma de evangelismo del Nuevo Testamento. Jesús, los apóstoles y la iglesia primitiva evangelizaron por la predicación del Evangelio y la demostración de las señales que les seguían.

En muchas Biblias el libro de Hechos se titula, "Los Hechos de los Apóstoles." Pero, como muchos han dicho antes que yo, un título mejor para identificar a este libro es "Los Hechos del Espíritu Santo." Mientras el Espíritu Santo esté presente dentro de la Iglesia y en cada creyente, lo sobrenatural con seguridad va a continuar.

Esta es la simple verdad, estos "hechos" no se limitaron a Jesús, Sus discípulos o incluso a la iglesia primitiva del primer siglo. Nosotros también podemos hacerlos. No sólo podemos hacerlos, debemos hacerlos.

Jesús dijo:

"De cierto, de cierto os digo: El que en mí cree, las obras que yo hago, él las hará también; y aún mayores hará, porque yo voy al Padre." (Juan 14:12)

"[17] Y estas señales seguirán a los que creen: En mi nombre echarán fuera demonios; hablarán nuevas lenguas; [18]tomarán en las manos serpientes, y si bebieren cosa mortífera, no les hará daño; sobre los enfermos pondrán sus manos, y sanarán." (Mark 16:17-18)

La Biblia incluso nos permite saber que si alguien está enfermo deben ser capaz de llegar a la iglesia y recibir sanidad.

"[14]¿Está alguno enfermo entre vosotros? Llame a los ancianos de la iglesia, y oren por él, ungiéndole con aceite en el nombre del Señor. [15]Y la oración de fe salvará al enfermo, y el Señor lo levantará; y si hubiere cometido pecados, le serán perdonados. [16]Confesaos vuestras ofensas unos a otros, y orad unos por otros, para que seáis sanados. La oración eficaz del justo puede mucho." (James 5:14-16)

No hay una fecha de expiración en estas promesas. No está condicionado en ninguna parte que lo sobrenatural se produciría dependiendo en qué periodo de tiempo usted vivió o qué posición de ministerio tuviste. Lo sobrenatural era tan natural en la iglesia primitiva. ¿Entonces qué pasó? Podríamos mencionar muchas razones. Pero una cosa es segura, la idea de que Dios ya no funciona de esa manera o no nos requiere a hacerlo de esa manera, no es bíblica.

"Porque todas las promesas de Dios son en él Sí, y en él Amén, por medio de nosotros, para la gloria de Dios" (2 Corintios 1:20). "Porque no hay acepción de personas para con Dios" (Romanos 2:11 NIV). "Jesucristo es el mismo ayer, y hoy, y por los siglos" (Hebreos 13:8).

Déjame decirte, si lo hizo antes lo puede hacer de nuevo. Y Él lo está haciendo. ¿Le vas a permitir que lo haga a través de usted?

Precauciones

"[15] Algunos, a la verdad, predican a Cristo por envidia y contienda; pero otros de buena voluntad. [16]Los unos anuncian a Cristo por contención, no sinceramente, pensando añadir aflicción a mis prisiones; [17]pero los otros por amor, sabiendo que estoy puesto para la defensa del evangelio." (Filipenses 1:15-17)

Antes de que entremos en el "cómo" del evangelismo de poder, creo que una palabra de precaución no estaría de más. Nuestras motivaciones y perspectivas determinarán si florecemos o perecemos en nuestro esfuerzo por compartir el Evangelio de manera sobrenatural. Así que, vamos a poner algo en claro antes de seguir adelante.

Nuestra motivación

Todos tenemos que responder las siguientes preguntas, "¿Por qué?" ¿Por qué evangelizamos? ¿Por qué vamos en viajes de misiones? ¿Por qué compartimos el Evangelio? ¿Por qué debemos movernos en lo sobrenatural? Un barco puede haber planeado su curso, pero si el timón está roto o inclinado hacia la dirección equivocada, va a terminar en otro lugar.

He visto a muchas personas involucrarse en el ministerio, el servicio en la comunidad, o el evangelismo por razones correctas e incorrectas. Lo que está en el corazón de una persona, con el tiempo, va a salir a la luz, "porque de la abundancia del corazón habla la boca" (Mateo 12:34). Y a veces lo que sale tiene la capacidad de afectar no sólo a uno mismo, sino también a los que están en nuestro alrededor.

Propongo que nuestras mayores motivaciones en todo lo que hagamos en la vida sean para la gloria de Dios y el amor por la gente. Pablo dijo: "Y todo lo que hacéis, sea de palabra o de hecho, hacedlo todo en el nombre del Señor Jesús, dando gracias a Dios Padre por medio de él" (Colosenses 3:17). Jesús dijo: "Así alumbre vuestra luz delante de los hombres, para que vean vuestras buenas obras, y glorifiquen a vuestro Padre que está en los cielos." (Mateo 5:16). Nuestra primera y principal razón para aprender a operar en lo sobrenatural para el evangelismo es que Dios sea glorificado. No es para hacer un nombre para nosotros, construirnos un reino, u obtener beneficio económico para nosotros mismos. Hacemos lo que hacemos para que Dios pueda brillar y recibir toda la gloria.

Sin embargo, cerca del corazón de Dios está el mundo. Y la mejor manera de honrarlo es amarnos los unos a los otros. La Biblia dice,

"[1]Si yo hablase lenguas humanas y angélicas, y no tengo amor, vengo a ser como metal que resuena, o címbalo que retiñe. [2] Y si tuviese profecía, y entendiese todos los misterios y toda ciencia, y si tuviese toda la fe, de tal manera que trasladase los montes, y no tengo amor, nada soy. [3] Y si repartiese todos mis bienes para dar de comer a los pobres, y si entregase mi cuerpo para ser quemado, y no tengo amor, de nada me sirve." (1 Corintios 13:1-3)

Debemos entender que "El conocimiento envanece, pero el amor edifica." (1 Corintios 8:1). Así que, debemos aprender todo lo que podemos, pero con el propósito de amar a las personas y edificar a los demás.

Frutos vs Dones

Hay un dilema que he notado en los círculos pentecostales y carismáticos. Muchos ven a los que tienen fuertes capacidades espirituales como más espirituales y maduros que los que no las tienen. Si una persona habla en lenguas, profetiza y echa fuera a los demonios son vistos como unos cristianos élite. Pero permítanme aclarar algunas ideas aquí.

Los dones no determinan la madurez espiritual – los frutos sí. Los dones en verdad son - regalos. Ellos son gracias especiales otorgadas por Dios a las personas, y no tienen ninguna base en el mérito personal. Pero los frutos de una persona son un testimonio de su carácter. Los dones son evidencias que el Espíritu Santo está sobre ti, mientras que los frutos son la evidencia que Él vive en ti. Los dones demuestran que tienes poder, mientras que los frutos demuestran que usted es salvo.

"²¹No todo el que me dice: 'Señor, Señor,' entrará en el reino de los cielos, sino el que hace la voluntad de mi Padre que está en los cielos. ²²Muchos me dirán en aquel día: 'Señor, Señor, ¿no profetizamos en tu nombre, y en tu nombre echamos fuera demonios, y en tu nombre hicimos muchos milagros?' ²³Y entonces les declararé: 'Nunca os conocí; apartaos de mí, hacedores de maldad'" (Matthew 7:21-23)

¿Puedo decirte algo? He visto a muchas personas destruirse porque tenían esto mezclado. Se levantaron con una fama Cristiana, pero debido a la falta de carácter no permanecieron. Nuestros dones nos abren las puertas, pero son nuestros frutos los que las mantienen abiertas.

Necesitamos tanto los frutos y los dones del Espíritu Santo. Faltar en alguna de estas áreas es ser un reflejo incompleto de Jesús.

El Reino

La idea de que el evangelismo de poder es la forma de evangelismo del Nuevo Testamento, podría causar que algunos se pregunten, "¿Qué, pues de todos los otros tipos de trabajo que se hacen en el reino? ¿No son expresiones válidas de evangelismo?" Sí, son válidas, pero no completas sin él.

Si nos fijamos en el Nuevo Testamento, lo que se ve es que el evangelismo de poder debe ser parte de todos los esfuerzos para alcanzar a los perdidos. Se puede alimentar a los hambrientos, y ministrarle sobrenaturalmente a las necesidades de las personas. Observa a Jesús y a los diáconos que lo hicieron así mismo. Puedes estar al lado de alguien en la fila del supermercado o en una parada de autobús y tener una palabra profética para ellos (ver Juan 4 para la historia de Jesús y la samaritana). Se puede visitar la casa de un amigo y sanar a un familiar de una fiebre (véase Mateo 8:14-15). Puedes ir en dirección a la iglesia y ministrarle a alguien en el camino (véase Hechos 3:1-10).

¿Se imagina estar en guerra y recibir palabras de ciencia acerca de las estrategias de tu enemigo? (Véase 2 Reyes 6). ¿Se imagina interpretando el sueño que tu jefe o incluso un gran líder de una nación podría tener (miren el ejemplo de José y Daniel)? No hay límites en cómo podemos servir a Dios.

Pero lo sobrenatural estaba destinado a ser un factor común de la vida de cada cristiano. Puedes evangelizar de esta forma en cualquier contexto. Tal vez no todo el mundo necesite estar sanos físicamente, pero puede ser que necesiten una sanidad emocional o espiritual (liberación), o incluso una palabra profética. No hay que desanimarse de hacer cualquier otra forma de trabajo para el reino, sino que eso debe estar unido con lo sobrenatural.

Deja que las Escrituras sean su guía

Hay muchos que limitan lo que Dios puede hacer debido a que basan sus ideas y opiniones sobre sus experiencias pasadas, los fracasos de otros, o tradiciones denominacionales. Como cristianos, vivimos por convicción, no por las emociones, tradiciones o experiencias pasadas. Operamos sobre lo que dice la Biblia. Si la Biblia lo dice lo creeré, lo obedeceré.

Por otra parte, también asegúrese de examinar todo a la luz de las Escrituras. La Biblia dice, "probad los espíritus " (1 Juan 4:1) y " [21]Examinadlo todo; retened lo bueno. [22]Absteneos de toda especie de mal." (1 Tesalonicenses 5:21-22). Sean cuales sean las visiones, sueños o palabras proféticas que usted vaya a dar o recibir, asegúrese de que se alinee con la palabra y la voluntad de Dios.

Con estas precauciones en su lugar vamos a proceder con el propósito que está delante de nosotros.

Sed Llenos del Espíritu Santo

"No os embriaguéis con vino, en lo cual hay disolución; antes bien sed llenos del Espíritu." (Efesios 5:18)

No hay manera de evitarlo, si desea operar en lo sobrenatural debe estar lleno del Espíritu Santo. Aunque existe un gran debate en torno a este tema, en relación a cuestiones tales como "¿Qué es? ¿Cuándo sucede? ¿Sigue siendo para hoy? ¿Cuál es la evidencia de que ha sucedido?" Yo le daré mi punto de vista.

Terminología

Si usted lees los siguientes pasajes: Mateo 3:11; Marcos 1:8; Lucas 3:16; Juan 1:26, 33; Hechos 1:5; 11:16; 2:4; 4:31; 9:17; 13:9, 52; Efesios 4:31; Hechos 19:2; Gálatas 3:2; va a observar que las frases, "bautismo de/con el Espíritu Santo", "lleno del Espíritu Santo", y "recibir el Espíritu," se usan de manera similar en el Nuevo Testamento para describir la misma experiencia.

¿Qué es?

El bautismo del Espíritu Santo es la experiencia de que la tercera persona de la Trinidad venga sobre un creyente y lo cubra con o le sumerja en Su poder. Esta experiencia es diferente a ser habitado (Juan 14:17; 1 Corintios 6:19; Romanos 8:11) o sellados (Efesios 1:13; 4:30) por el Espíritu Santo. Cuando esto sucede, el creyente recibe poder, fuerza y capacidad sobrenatural (Hechos 1:8).

Esto fue algo que fue prometido por Dios en el libro de Joel (2:28-29), profetizado por Juan el Bautista en los evangelios (Mateo 3:11; Marcos 1:8; Lucas 3:16; Juan 1:26, 33) y mandado por Jesús antes de dejar esta tierra (Hechos 1:4-5).

¿Cuándo sucede?

Aunque hay ejemplos de personas que fueron bautizadas en el Espíritu en el momento de su conversión (ver Hechos 10 con la casa de Cornelio), esto normalmente sucede después de la salvación. Por ejemplo, los 11 discípulos y algunos otros creyentes fueron bautizados con el Espíritu en Hechos 2, a pesar de haber recibido el Espíritu antes de la ascensión de Jesús al cielo (Juan 20:22). Incluso experimentaron ser llenos de nuevo después de un tiempo de oración en Hechos 4:31.

Otro ejemplo de esto es cuando Felipe fue a Samaria y predicó el evangelio (Hechos 8:5). Muchas personas se salvaron e incluso fueron bautizados (8:12-13), pero no fue hasta que los apóstoles Pedro y Juan impusieron sus manos sobre ellos que recibieron esta bendición (8:14-17).

En Hechos 9, después de su encuentro con Jesucristo, un hombre llamado Ananías oró por Pablo. En ese momento fue lleno (v17-19). En Hechos 19 Pablo entonces ministra en una ciudad llamada Éfeso y encuentra un grupo de personas que habían sido bautizadas por Juan en agua. Después de hablar con ellos, Pablo les bautiza en agua de nuevo y luego impone sus manos sobre ellos para que reciban el Espíritu Santo. "6 Y habiéndoles impuesto Pablo las manos, vino sobre ellos el Espíritu Santo; y hablaban en lenguas, y profetizaban" (v6).

De estos pasajes entendemos que una persona puede experimentar esta llenura en el momento de su conversión

(Hechos 10) o después de su conversión (Hechos 2, 8, 9 y 19). Y aún mejor, este no es un evento que ocurre una sola vez (Hechos 4:31). Debemos estar continuamente llenos del Espíritu Santo (Efesios 5:18).

¿Por qué lo necesitamos?

Hay muchas maneras de responderle a esta pregunta. Pero todo se reduce a esto. No podemos ser testigos efectivos sin él. Jesús dijo, "[8] pero recibiréis poder, cuando haya venido sobre vosotros el Espíritu Santo, y me seréis testigos en Jerusalén, en toda Judea, en Samaria, y hasta lo último de la tierra." (Hechos 1:8). Primero necesitamos Su poder, entonces podemos ser Sus testigos.

¿Sabía que por orden cronológico, las últimas palabras que Jesús le dijo a Sus discípulos, antes de ascender al cielo, no fue "Id" sino "Esperad"? Ellos iban a permanecer en Jerusalén y esperar la promesa del Espíritu Santo (Hechos 1:4). Piensa en esto, si Jesús necesitaba este poder para ser eficaz en Su ministerio (Lucas 3:21-22; 4:18-19), ¿qué nos hace pensar que podemos hacer más con menos?

¿Cómo podemos saber que lo hemos recibido?

La perspectiva tradicional del pentecostalismo dice que el hablar en lenguas es la evidencia inicial de una persona que ha sido bautizada en el Espíritu. Señalan a lo que sucedió en Hechos 2, 10 y 19 como soporte. Mi único problema con este punto de vista es que es demasiado estrecho. Hay un total de 8 referencias en que una persona o un grupo de personas son descritas como llenas del Espíritu, y las lenguas solamente son mencionadas claramente en estos tres capítulos.

Creo que la mayor evidencia de que alguien haya sido lleno del Espíritu es si uno o más dones o señales sobrenaturales se manifiesta en la vida de esa persona.[3] Pablo dice,

> "[7]Pero a cada uno le es dada la *manifestación* del Espíritu para provecho. [8]Porque a éste es dada por el Espíritu palabra de sabiduría; a otro, palabra de ciencia según el mismo Espíritu; [9]a otro, fe por el mismo Espíritu; y a otro, dones de sanidades por el mismo Espíritu. [10]A otro, el hacer milagros; a otro, profecía; a otro, discernimiento de espíritus; a otro, diversos géneros de lenguas; y a otro, interpretación de lenguas." (1 Corintios 12:7-10 – énfasis mío)

La profecía de Joel dice que cuando el Espíritu de Dios se derrame, hombres y mujeres, jóvenes y viejos tendrán visiones, sueños e incluso profetizarán. En casi todos los casos en que el Espíritu vino sobre un individuo ocurrió

---

[3] Creo que el poder del Espíritu Santo incluye la autoridad divina y Su influencia para convencer y convertir almas (Hechos 2:37). En mi opinión, éste es el lado del poder del Espíritu Santo con el cual los cesacionistas están bien. El problema es que esta definición es demasiado estrecha. Este poder también incluye la habilidad de sanar y echar fuera los demonios así como lo hizo Jesús. Así que si lo pongo todo junto, diría que cuando el Espíritu Santo viene sobre nosotros, nos da la autoridad divina y Su influencia para convencer y convertir almas y la capacidad de sanar, echar fuera los demonios, y operar en los dones espirituales o señales sobrenaturales. También creo que el bautismo en el Espíritu producirá denuedo sobrenatural para predicar las buenas nuevas (Hechos 4:31) y fuerza sobrenatural para vencer la carne (Efesios 5:18; Gálatas 5:16). Sin embargo, estas serían evidencias secundarias.

un fenómeno sobrenatural (Hechos 2:1-4, 17-18; 4:29-31; 6:3, 5; 8:14-18; 9:17-19; 10:44-46; 19:1-7).

Así que, si queremos saber si hemos sido llenados o bautizados con el Espíritu Santo, entonces debemos hacernos estas preguntas: (1) ¿He recibido poder? (2) ¿Uno o más de los dones del Espíritu se están manifestando en mi vida? (3) ¿Siento el deseo de predicar el Evangelio y hacerlo con denuedo?

¿Cómo podemos recibirlo?

Antes de responder a esta pregunta, es importante que entendamos que esto es un regalo, lo cual significa que es algo que recibimos por gracia. No se puede ganar, pero se da libremente a nosotros si somos creyentes (Hechos 2:38; Gálatas 3:2).

Ahora, hay dos maneras de recibir este bautismo, este don, o esta llenura: (1) Por la oración - tenemos que pedir con fe (Lucas 11:9-13; Hechos 1:4, 14; 2:1-4) o (2) Por impartición[4] - alguien que está lleno del Espíritu puede imponer sus manos sobre nosotros para recibirlo (Hechos 8:14-17; 9:17-18; 19:6).

Es la voluntad de Dios que seamos llenos. Sin este bautismo no vamos a ser capaces de hacer lo que hizo Jesús. Y Jesús no nos enviará a hacer algo sin tener las herramientas necesarias para realizar el trabajo. No tiene que rogarle a Él, usted no tiene que trabajar para esto. Sólo cree en fe. Sólo recíbelo por gracia. ¿Estás listo? ¡Aquí viene!

---

[4] Transferencia de unción

Sólo Cree

"²²Respondiendo Jesús, les dijo: Tened fe en Dios."
(Marcos 11:22)

Además de estar lleno del Espíritu, si queremos ver la manifestación sobrenatural en nuestras vidas cuando predicamos el Evangelio, hay dos temas muy importantes que tenemos que entender. El primero es la fe. El segundo es discernir la voz de Dios. Vamos a empezar con el primero.

La Biblia enseña que la fe es una de las mayores virtudes más altas que una persona puede poseer (1 Corintio 13:13). Es a través de la fe que hemos sido salvados (Efesios 2:8). Es con la fe que movemos montañas (Mateo 11:23-24). Nuestra fe incluso trabaja como un escudo y nos protege de los dardos del enemigo (Efesios 6:17). Y sin fe es imposible agradar a Dios (Hebreos 11:6).

Ahora tenemos que aprender cómo la fe funciona en términos de ver lo sobrenatural. Necesitamos fe para recibir respuestas a la oración (Santiago 1:6-7), operar en los dones espirituales (Romanos 12:3-8; 1 Corintios 12:7-11) y ver milagros, sanidades y liberaciones (Santiago 5:15; Marcos 16:17-18). Y la gran noticia es, que al igual que la salvación, la fe hace lo sobrenatural accesible a cualquier persona que es un creyente en Jesucristo (Juan 14:12). En esto no hay discriminación o favoritismo con Dios (Santiago 1:17). Cada creyente ha sido bendecido con "toda bendición espiritual en los lugares celestiales" (Efesios 1:3). Así que la diferencia entre aquellos que ven lo sobrenatural y los que no, es la fe.

Entonces, ¿qué es la fe?

La Biblia define la fe como "la certeza de lo que se espera, la convicción de lo que no se ve" (Hebreos 11:1). La palabra griega es "pistis," que significa creer, tener confianza, ser fiel, o ser persuadido.[5] En otras palabras, la fe significa creer, tener la convicción de, estar seguro acerca de, y estar plenamente convencido de que Dios *es* quien dice ser y que Él *hará* lo que dice que hará. Y si usted realmente cree, entonces sus acciones deben estar de acuerdo con su fe (Santiago 2:14, 17).

El don de la fe vs el fruto de la fe

En 1 Corintios 12, Pablo habla acerca del don de la fe. Este no es el tipo de fe que viene por medios naturales, como veremos en un momento. Esta fe, esta confianza, es una explosión espontánea o un empoderamiento del Espíritu de Dios para creerle a Dios por algo sobrenatural, milagroso o humanamente imposible. Steven Brooks en su libro, *How to Operate in the Gifts of the Spirit* (Cómo Operar en los Dones del Espíritu), dice lo siguiente acerca del don de fe,

> "El don de la fe lleva a la gente más allá de su capacidad normal para creer. Es mejor visto como una fe especial o extraordinaria que viene a usted cuando el Espíritu Santo dispone. Me refiero a él como "súper fe" porque cuando está en manifestación se siente una tremenda audacia, y no hay ni un poco de duda que le pueda tocar mientras se encuentre

---

[5] Strong's #4102

bajo la unción de la súper fe. Esta no es la fe común u ordinaria con la cual operamos de día a día."[6]

Cuando este don de fe está en función nada parece imposible. Incluso se evapora la duda en el calor del poder del Espíritu Santo. Cuando esta fe venga sobre ti, no lo resistas, no lo dudes. Es una indicación de que Dios está a punto de hacer algo milagroso para cualquier necesidad que está presente.

Además de este don de fe estando a nuestra disposición, Gálatas 5 también habla sobre el fruto de la fe. Esta es la fe al cual Pablo se refiere en Romanos 12:3 cuando dice: "conforme a la medida de fe que Dios repartió a cada uno." Todos tenemos un nivel de fe en el que nos movemos de día a día. Y esta fe que poseemos se puede aumentar, fortalecer y estrechar como un músculo. Charles Stanley presenta esta analogía, "Un fisiculturista no comienza levantando 500 libras el primer día. Más bien, él se ejercita diariamente, aumentando gradualmente su fuerza. Regularmente ejercitando la fe puede dar lugar a un crecimiento similar espiritualmente.[7]"

En otras palabras, no se desanime si no ve resultados inmediatamente. He tratado de resucitar a los muertos en tres ocasiones diferentes, pero no tuve éxito. Sin embargo, eso no me impide de continuar haciendo esfuerzos. No he visto una persona paralizada levantarse de una silla de ruedas, sin embargo, a través de mi medida de fe he visto salir

---

[6] Brooks, p84.
[7] Charles Stanley, In Touch Daily Devotions,
http://www.intouch.org/read/magazine/daily-devotions/how-to-increase-your-faith

dolores, rodillas sanarse, piernas estirarse y espaldas enderezarse.

Nuestro trabajo es seguir confiando y buscar maneras de aumentar nuestra fe. Podemos aumentar nuestra medida de fe mediante la oración y el ayuno (Lucas 17:5); leyendo, meditando, hablando y obedeciendo la palabra de Dios (Romanos 10:17); y recordándonos y celebrando la fidelidad de Dios en nuestra vida o la vida de otros (1 Corintios 10:6, 11).

La fe para lo sobrenatural

En Marcos 11 obtenemos un curso intensivo de Jesús en como ver lo milagroso por la fe. En esta porción de la Escritura vemos a Jesús acercarse a una higuera porque tenía hambre. Cuando se da cuenta que no había fruto en esa higuera, Él la maldice y el árbol se marchita. Más tarde, cuando los discípulos miran con asombro Jesús les enseña cómo operar en lo milagroso.

Ahora, aunque el verdadero significado de esta historia es acerca del juicio de Dios sobre Israel y sus líderes, podemos aprender algunas lecciones acerca de cómo ver las cosas sobrenaturales ocurrir, así como el secamiento de la higuera.

Si queremos ver a Dios responder a nuestras oraciones, mover nuestras montañas y realizar milagros en nuestras vidas tenemos que: (1) Tener fe en Dios (Marcos 11:22). (2) Expresar nuestra fe con nuestras palabras y acciones (Marcos 11:23a; Santiago 2:26). (3) No dudar (Marcos 11:23b). (4) Creer que ya está hecho (Marcos 11:24).

Ahora, antes de seguir adelante, es importante que antes de orar por cualquier cosa, en primer lugar, debemos saber que lo que estamos pidiendo es la voluntad de Dios (1 Juan 5:14-15). En segundo lugar, que nuestros motivos son correctos (Santiago 4:2-3). Y en tercer lugar, que es posible recibir un "sí " de Dios que no se manifieste inmediatamente (Hebreos 6:12).[8]

La importancia de la fe no debe ser subestimada. La fe es esencial para ver lo sobrenatural en nuestras vidas. No somos gente común. El cristianismo "normal" es sobrenatural, y punto. Dios es "poderoso para hacer todas las cosas mucho más abundantemente de lo que pedimos o entendemos" (Efesios 3:20). La única cosa que limita cuánto de Dios podemos ver operar en nuestras vidas es nuestra fe.

Confía en la palabra, el corazón y la capacidad de Dios. Como algunos han dicho, la fe significa "riesgo". Así que tome riesgos, salgase de su zona de confort y permita que el Espíritu Santo le muestre un nuevo mundo; un mundo sin limitación, un mundo donde la voluntad de Dios se haga en la tierra como en el cielo.

---

[8] Puede haber momentos donde seas tentado a creer que nada ocurrió cuando oraste por alguien, o profetizaste sobre alguien, pero hay ocasiones en que ciertas sanidades tomen tiempo para ser completadas. O una palabra profética podría llegar a pasar más adelante. No importa que vea, aférrese a las promesas de Dios y siga la marcha hacia adelante. Verá el avance si no se rinde (Gálatas 6:9).

Escuchando la Voz de Dios

"²⁹ El que tiene oído, oiga lo que el Espíritu dice a las iglesias." (Apocalipsis 2:29)

Muchos de nosotros deseamos oír la voz audible de Dios como lo hicieron muchos de los santos en la Biblia. Queremos tener esas grandes experiencias dramáticas que nos dejan saber sin lugar a dudas de que Dios nos esta hablando.

A pesar de que yo creo que Dios todavía puede hablar de esta manera, esta no es la manera normal u ordinaria en que Él se comunica con nosotros. La capacidad de discernir cuando Dios nos está hablando y lo que está diciendo es fundamental para moverse en lo sobrenatural. Al discernir Su voz sabremos cuándo hemos recibido una palabra de sabiduría o ciencia, un mensaje profético, una revelación o alguna instrucción sobre la cual tenemos que actuar.

Dios nos puede hablar a través de la Biblia, sueños, visiones, otras personas o circunstancias en nuestras vidas. Pero yo quiero enfocarme en la voz interior de Dios, Su pequeña voz o como Bill Hybel's lo llama, "los susurros de Dios." Y con el fin de comprender y discernir los "susurros" o la voz de Dios, debemos entender cómo Él nos ha creado.

Cuerpo, alma, y espíritu

La Biblia dice que los seres humanos son tripartitos, lo que significa que estamos hechos de tres partes - cuerpo, alma y espíritu. Génesis 2:7 dice: "⁷Entonces Jehová Dios formó al hombre del polvo de la tierra, y sopló en su nariz aliento de vida, y fue el hombre un ser viviente." En otras palabras, Dios hizo nuestros cuerpos desde el polvo de la tierra. Entonces sopló Su Espíritu, "el aliento de vida," en ese cuerpo de arcilla. Y como resultado, el hombre se convirtió en una persona viva. La palabra "ser" es la palabra hebrea *nefesh*, que también significa alma.[9]

Con nuestros cuerpos físicos interactuamos con el mundo físico. Con nuestras almas pensamos, sentimos y tomamos decisiones. En nuestra alma se encuentran nuestra mente, emociones y voluntad. Y nuestro espíritu es el que da vida a nuestros cuerpos. Santiago 2:26 dice, que nuestros cuerpos sin nuestros espíritus están muertos. Nuestros espíritus humanos también son el medio por el cual nos relacionamos con el mundo espiritual. Algunos han descrito al ser humano como un "espíritu, que tiene un alma, que vive en una casa rodante".

Dios se comunica con nosotros de Espíritu a espíritu

Ahora, ¿por qué es importante saber esto? Es importante porque Dios es espíritu (Juan 4:24) y cuando se comunica con nosotros Él habla a nuestro espíritu humano. Eso es a lo que Pablo se refiere cuando dice: "El Espíritu mismo da testimonio a nuestro espíritu de que somos hijos de Dios" (Romanos 8:16). Una vez nuestro espíritu humano recibe esta información, entonces, le comunica esa información a nuestra alma y nuestra alma luego, dirige y controla nuestras respuestas corporales.

Por lo tanto, si queremos saber cuándo Dios nos está hablando debemos entrenar nuestra mente (alma) para dis-

---

[9] 1 Tesalonicenses 5:23 y Hebreos 4:12 también confirman el hecho de que estamos compuestos de tres partes.

cernir Su voz. Por eso Pablo nos dice que "No os conforméis a este siglo, sino transformaos por medio de la renovación de vuestro entendimiento, para que comprobéis cuál sea la buena voluntad de Dios, agradable y perfecta" (Romanos 12:2).

La voz de Dios vs nuestra voz vs la voz de Satanás

Entonces, ¿Cómo suena la voz de Dios? ¿Cómo sabemos que es Él quien nos está hablando? Me gusta la definición que Mark Virkler da. Él dice, "la voz de Dios se parece a palabras o imágenes espontáneas que fluyen a su mente por parte del Espíritu Santo."[10] En otras palabras, cuando Dios está hablando a su espíritu humano vas a recibir palabras, impresiones, pensamientos o imágenes de forma espontánea en su mente por parte del Espíritu Santo.

Cuando usted piensa, usted puede controlar el fluir de tus pensamientos o manipular las imágenes que usted ves. Por ejemplo, puedes optar por ver una manzana roja o una manzana verde. Puedes elegir pensar acerca de montar una bicicleta o en lo que quieres hacer más adelante en el día. Podemos elegir tener pensamientos positivos o pensamientos negativos.

Cuando Satanás nos habla, también implanta pensamientos o imágenes de forma espontánea (Efesios 6:16). Pero podemos saber cuándo es él porque siempre reflejarán su propia naturaleza. La Biblia dice que él es un mentiroso (Juan 8:44), un ladrón, un asesino y destructor (Juan 10:10); Satanás es un acusador (Apocalipsis 12:10) y un devorador

---

[10] Usted puede ver sus vídeos de YouTube o leer su libro titulado, *4 Keys to Hearing God's Voice* (4 Claves para Oír la Voz de Dios).

(1 Pedro 5:8). Por eso, cuando sus pensamientos o imágenes entran en su mente siempre van a estar en contra de las Escrituras, en contra de la verdad, para condenar, y serán destructivas, acusativas, pecaminosas, o mundanas.

Pero cuando Dios habla, Sus pensamientos e imágenes estarán siempre de acuerdo con Su naturaleza, Su voluntad y Su palabra. Incluso si le habla algo fuerte, producirá convicción (Juan 16:8) no condenación (Juan 3:17; Romanos 8:1). Sus palabras traerán edificación, exhortación y consolación (1 Corintios 14:3). Lo que Dios dice nos lleva a la libertad no a la servidumbre (Juan 8:32).

Esta es una de las razones por la cual es vital que los creyentes conozcan la palabra de Dios a fondo. Les ayudará a discernir entre sus pensamientos y los pensamientos de Dios (Hebreos 4:12). Les ayudará a discernir entre los engaños de Satanás y la verdad de Dios (1 Juan 4:1; 1 Tesalonicenses 5:21). Jesús dijo: "Mis ovejas oyen mi voz, y yo las conozco, y me siguen" (Juan 10:27).

Claves prácticas para discernir la voz de Dios

Si desea mejorar su habilidad de escuchar la voz de Dios, estos son algunos consejos basados en la serie de mensajes y el libro de Robert Morris *Frecuencia*. En primer lugar, establece un lugar y un tiempo donde puedas pasar tiempo con Dios todos los días. En segundo lugar, permanece en silencio y adóralo. En tercer lugar, ora y lee la Biblia. En cuarto lugar, escucha y escribe. Escribe lo que usted cree que Dios le podría haber hablado a usted durante su tiempo de oración y adoración. Escribe las impresiones, sentimientos o imágenes que vinieron a su mente a medida que pasaste el tiempo con Él. Cuanto más practiques estas cosas, mejor vas a discernir cuando Dios le hable.

Como dije anteriormente, saber cómo escuchar a Dios le ayudará a moverse en los dones del Espíritu como palabras de sabiduría o ciencia, profecía, o el discernimiento de espíritus. El ejercicio de la fe y el discernir la voz de Dios van a abrir el mundo espiritual para usted. Ahora estamos listos para hablar de los dones espirituales y el evangelismo sobrenatural.

Los Dones del Espíritu Santo

"Seguid el amor; y procurad los dones espirituales, pero sobre todo que profeticéis." (1 Corintios 14:1)

En su carta a los Corintios, Pablo hace una lista de 9 dones diferentes que son dados al cuerpo de Cristo,

> "[8]Porque a éste es dada por el Espíritu palabra de sabiduría; a otro, palabra de ciencia según el mismo Espíritu; [9]a otro, fe por el mismo Espíritu; y a otro, dones de sanidades por el mismo Espíritu. [10]A otro, el hacer milagros; a otro, profecía; a otro, discernimiento de espíritus; a otro, diversos géneros de lenguas; y a otro, interpretación de lenguas." (12:8-10)

Él desea que la iglesia no sea ignorante acerca de la función y el propósito de estos dones (12:1-3). Él quiere que sepamos: (1) que hay varios tipos de dones, pero todos ellos proceden del mismo Dios para que no nos menospreciemos los unos a los otros, sino que trabajemos juntos y dependamos el uno del otro (12:4-6; véase el resto de este capítulo para más información sobre este punto). (2) que estos dones son una manifestación de la persona y el poder del Espíritu Santo en medio de nosotros (12:7). (3) que estos dones son dados "para provecho", que significa para la edificación, fortalecimiento y el equipamiento de la iglesia (12:7).

En otras palabras, al operar en estos dones animamos nuestra interdependencia, permitimos que el Espíritu se manifieste libremente y terminamos construyendo creyentes más fuertes. Ahora se entiende por qué Pablo advirtió a los creyentes en Tesalónica de no "apagar el Espíritu" (1 Tesalonicenses 5:19). El Espíritu se "apaga" cuando limitamos, prohibimos o negamos Sus dones (manifestaciones). Todo, por supuesto, debe hacerse en una manera decente y ordenada (14:40). Pero no hay que confundir la orden del Espíritu Santo por la orden muerta religiosa del hombre.

Tú puedes operar en todos los dones

Me enseñaron y solía creer que sólo Jesús, los apóstoles u otras personas especiales eran capaces de operar en todos los dones del Espíritu. Me dijeron que a cada uno de nosotros nos fue dado un don especial y sólo podíamos funcionar en otro don cuando el Espíritu quería, o si una unción especial estuviera presente para una necesidad específica. Me dijeron que si todo el mundo pudiera hacerlo, entonces no nos necesitaríamos. Se me mostraron escrituras como "[29]¿Son todos apóstoles? ¿son todos profetas? ¿todos maestros? ¿hacen todos milagros? [30]¿Tienen todos dones de sanidad? ¿hablan todos lenguas? ¿interpretan todos?" (12:29-30), como prueba de que no podríamos funcionar en todos los dones.

Pero mi perspectiva cambió después de entender las siguientes ideas. En primer lugar, como he oído de Art Thomas, sólo porque esta escritura menciona que no todos operan en todos los dones, esto no quiere decir que no puedan operar en todos ellos. La pregunta "¿Todos operan en estos dones?" es diferente a "¿Todos *pueden* operar en estos dones?"

En segundo lugar, si no podemos tener más dones espirituales de los que inicialmente recibimos, entonces

¿por qué Pablo nos dice que, "Procurad, pues, los dones mejores" (12:31) y "procurad los dones espirituales, pero sobre todo que profeticéis" (14:1)? En 1 Corintios 14:1, "Procurad, pues," es en realidad una palabra griega, *zeloo[11]*. Significa "ser celoso por" o "ansioso por". La imagen detrás de esta palabra es en realidad una de agua hirviendo. En otras palabras, hemos de estar hirviendo con el deseo de operar en estos dones. Así que, ¿me estás diciendo que debemos desear algo, hasta el punto de ebullición, que no podemos tener?

En tercer lugar, entendí que ya se nos fue dado todo don. Efesios 1:3 dice: "Bendito sea el Dios y Padre de nuestro Señor Jesucristo, que nos bendijo con toda bendición espiritual en los lugares celestiales en Cristo." 2 Pedro 1:3 dice: " Como todas las cosas que pertenecen a la vida y a la piedad nos han sido dadas por su divino poder, mediante el conocimiento de aquel que nos llamó por su gloria y excelencia." Aún mejor es el hecho de que el Espíritu Santo es el don de Dios para nosotros y si lo tenemos a Él, tenemos acceso a "toda bendición espiritual" y "todo lo que pertenece a la vida y a la piedad".

Podría seguir, pero creo que estos son suficientes para ver que cualquier persona que ha nacido de nuevo, y es un creyente lleno del Espíritu puede operar en estos dones. Lo que nos impide operar en estos dones es una falta de conocimiento, de deseo y de fe.

En mi propia jornada, cuando fui llenado del Espíritu Santo al momento de mi conversión, recibí el don de la palabra de sabiduría. Ocho meses después hablé en lenguas.

---

[11] Strong's #2206

Y desde entonces he profetizado, recibido palabras de ciencia, interpretado lenguas, discernido espíritus e incluso he visto a Dios usarme en sanidad y liberación. No soy una persona "súper espiritual". Soy un chico normal, que está loco por Jesús y está dispuesto a tomar riesgos y salir del barco cuando Él me diga "ven." Si puedo experimentar estas cosas, usted también puede hacerlo.

Si vamos a pescar hombres como lo hizo Jesús, tenemos que aprender cómo operar en estos dones espirituales. En los capítulos siguientes veremos, no sólo cómo operar en estos dones, sino también cómo se conectan al evangelismo sobrenatural.

La Sanidad y el Evangelismo
Parte 1

"Y estas señales seguirán a los que creen: En mi nombre... sobre los enfermos pondrán sus manos, y sanarán." (Marcos 16:17, 18)

Espero que a estas alturas usted éste convencido, o por lo menos un poco más abierto a la idea de que una presentación completa del evangelio incluye no sólo el anuncio de la salvación, sino una demostración del poder del reino de Dios. Así lo hizo Jesús. Así lo hicieron los 12, los 70 y la iglesia primitiva. Y así debemos hacerlo también. Debemos predicar el Evangelio y también demostrarlo con sanar a los enfermos y liberar a los oprimidos.

En este capítulo quiero establecer, brevemente, una teología para la sanidad. La sanidad no sólo sigue siendo para hoy, sino también es la voluntad de Dios de que todo el mundo sea sano. En el siguiente capítulo veremos qué medidas prácticas podemos tomar para empezar a ver sanidades.

La sanidad y la naturaleza de Dios

La teología es el estudio de Dios. Aunque no hemos visto a Dios (Éxodo 33:20; Juan 1:18; 6:46; 1 Timoteo 6:16; 1 Juan 4:12), lo podemos conocer a través del estudio de la naturaleza y las escrituras (Romanos 1:20; Salmo 19). Por su puesto, la revelación más grande de quién es Dios se puede ver en la persona de Jesucristo (Colosenses 1:15; Hebreos 1:3). Como dice Bill Johnson, "Jesucristo es teología perfecta."

Una de las cosas que la Biblia revela de Dios es que Él es inmutable, lo cual significa que Él no cambia (Éxodo 3:14; Malaquías 3:6; Salmo 102:25-27; Santiago 1:17; Hebreos 13:8). Él puede cambiar su mente (Éxodo 32:14), Él puede cambiar Su método (Jeremía 31:31-34), pero Su naturaleza, personalidad o esencia nunca cambiarán. Como Robert Morris dice tan sabiamente, "si Dios pudiera cambiar, entonces Dios pudiera mejorarse. Pero como Dios es perfecto, Dios no puede cambiar."

Ahora, como Dios es tan grande, y Su naturaleza es tan trascendente o más allá de nuestra comprensión, Él ha revelado Su naturaleza inmutable a través de los nombres que nos permiten entender quién es Él y cómo Él opera. Por ejemplo, Él se revela en la Biblia como Jehová (YHWH) Jireh que significa "el Señor nuestro proveedor" (Génesis 22:14). En otras palabras, está en la naturaleza de Dios el proveer las necesidades de Su pueblo. Por consiguiente, Su pueblo puede esperar Su provisión cuando estén en necesidad.

Pero uno de Sus nombres es más relevante a nuestro discurso sobre la sanidad. Él también es llamado Jehová Rafa que significa "Yo soy el Señor tu Sanador" (Éxodo 15:26). Este nombre, cual revela una característica que no modifica quién es Dios y cómo El opera, apoya la idea que Dios no sólo sanaba en el pasado, sino que todavía sana hoy, y sanará mañana.

La sanidad y la expiación

Otra evidencia de la idea que Dios no sólo sana hoy en día, sino que también es Su voluntad sanar a todo el mundo, es la expiación de Jesucristo. El profeta Isaías, hablando de Jesús y Su sacrificio, profetizó,

> ""4Ciertamente llevó él nuestras enfermedades, y sufrió nuestros dolores; y nosotros le tuvimos por azotado, por herido de Dios y abatido.
> 5 Mas él herido fue por nuestras rebeliones, molido por nuestros pecados; el castigo de nuestra paz fue sobre él, y por su llaga fuimos nosotros curados." (53:4-5)

No hay ningún cristiano que argumentará que este pasaje no se refiere al sufrimiento de Jesús durante Su pasión. Pero hay muchos que ven esto como hablando sólo de tomar nuestros pecados de una manera espiritual y lo apoyan haciendo referencia a 1 Pedro 2:24.

Pero me gustaría citar F. F. Bosworth. Hablando del mismo pasaje, él dice,

> "Las palabras Hebreas *choli* y *makob* han sido traducidas incorrectamente como "dolores" (emocionales) y "tristezas". Todos los que se han tomado el tiempo para examinar el texto original han encontrado lo que es reconocido en todas partes. Estas dos palabras significan, respectivamente, "enfermedades" y "dolores" (físicos), en todas las otras partes del Antiguo Testamento. La palabra *choli* es interpretada como "enfermedad" en Deuteronomio 7:15; 28:61; 1 Reyes 17:17; 2 Reyes

1:2; 8:8; 2 Crónicas 16:12; 21:15; u otros textos. La palabra *makob* es traducida como "dolor" en Job 14:22; 33:19; etc. Por lo tanto el profeta está diciendo, en este cuarto verso, "Ciertamente llevó él nuestras enfermedades, y sufrió nuestros dolores (físicos)." El lector puede referirse a cualquier comentario estándar para testimonios adicionales sobre este punto; pero no hay mejor comentario que Mateo 8:16-17."[12]

En otras palabras, este texto en actualidad está diciendo que Jesús no sólo tomó nuestros pecados sobre sí mismo, sino también nuestras enfermedades y dolores físicos. Mateo en verdad cita este pasaje en 8:16-17 para decir que Jesús lo cumplió cuando Él estaba físicamente sanando a los enfermos durante Su ministerio.

A través del derramamiento de Su sangre recibimos el perdón (espiritual) para nuestros pecados (Hebreos 9:22). Pero a través de Sus latigazos y el maltrato físico de Su cuerpo recibimos sanidad (física) para nuestras enfermedades (Isaías 53:4-5).

La sanidad y el ministerio de Jesús

Como cité anteriormente, "Jesucristo es teología perfecta". En otras palabras, si queremos conocer el corazón de Dios y Su voluntad sólo tenemos que mirar a Jesús. Él representó al Padre perfectamente. Jesús dijo, "si a mí me conocieseis, también a mi Padre conoceríais" (Juan

---

[12] *Christ the Healer*, p34. Las palabras en paréntesis son mi comentario para ayudar con el significado del autor.

8:19). "Yo y el Padre uno somos" (Juan 10:30). "El que me ha visto a mí, ha visto al Padre" (Juan 14:9).

Hablando de la voluntad de Su Padre, Jesús también dijo "De cierto, de cierto os digo: No puede el Hijo hacer nada por sí mismo, sino lo que ve hacer al Padre; porque todo lo que el Padre hace, también lo hace el Hijo igualmente" (Juan 5:19). Entonces, ¿qué estaba haciendo Jesús durante Su ministerio terrenal que Su Padre también hacía? Según los siguientes pasajes, Jesús sanó a todos los que vinieron a Él por sanidad (Mt. 4:24; 8:16; 9:35; 12:15; 14:35-36; Mc. 6:56; Lc. 4:40; 6:18b-19; Hechos 10:38). ¿Sabía que Jesús nunca hizo regresar a alguien enfermo que vino a Él pidiendo sanidad? Esto incluye las personas que ni siquiera le dieron las gracias o decidieron seguirle (Lucas 17:11-19).[13]

La sanidad es uno de los lenguajes de amor de Dios. Él no sólo lo hacía para ganar un inconverso. Pero sí quería demostrarle que Él los amaba porque "Dios es amor" (1 Juan 4:8).

La sanidad y el perdón

También es interesante notar que la idea de la sanidad física y espiritual frecuentemente van juntas en la escritura. David dijo en el Salmo 103:3 que Dios perdona *todos* nuestros pecados y sana *todas* nuestras enfermedades. En los Evangelios Jesús perdona los pecados de un hombre paralítico y después lo sana físicamente de su condición (Mateo 9:2-8). Santiago 5:14-16 dice,

---

[13] Nota que sólo un leproso de los 10 que fueron sanados regresó a darle gracias a Jesús.

"[14] ¿Está alguno enfermo entre vosotros? Llame a los ancianos de la iglesia, y oren por él, ungiéndole con aceite en el nombre del Señor. [15] Y la oración de fe salvará al enfermo, y el Señor lo levantará; y si hubiere cometido pecados, le serán perdonados. [16] Confesaos vuestras ofensas unos a otros, y orad unos por otros, para que seáis sanados. La oración eficaz del justo puede mucho."

No todas las enfermedades son relacionadas específicamente al pecado, pero el punto es, cualquiera que sea su necesidad, sea por una sanidad física o espiritual, es la voluntad de Dios hacer ambas.

La sanidad y la salvación

Adicionalmente a esto, aún dentro de la palabra griega para salvación, *sozo*, está la idea de libertad para la persona completamente.[14] La palabra puede ser traducida como salvar, sanar, rescatar o libertar. Por lo tanto Dios está interesado en salvar, sanar, rescatar y libertarnos espiritualmente y físicamente. Aún más importante, Dios desea que esta sea nuestra realidad hoy. La Biblia dice, "He aquí ahora el tiempo aceptable; he aquí ahora el día de salvación." (2 Corintios 6:2). Dios quiere santificarle "por completo; y todo vuestro ser, espíritu, alma y cuerpo, sea guardado irreprensible" (1 Tesalonicenses 5:23).

Por lo tanto ¿es la voluntad de Dios perdonar pecados hoy? ¿Es la voluntad de Dios salvar a pecadores hoy?

---

[14] Strong's #4982

Entonces también es la voluntad de Dios sanar hoy. No hay excepciones.[15]

La sanidad y la naturaleza humana

Otra evidencia de que Dios está dispuesto a sanar hoy es el cuerpo humano. ¿Cuándo fue la última vez que usted se ha cortado? O ¿cuándo fue la última vez que usted tuvo una gripe? ¿Notó que su cuerpo automáticamente tiene un proceso para tratar de sanarte?

Si se corta, de una vez la sangre comienza a fluir a la zona donde hay una herida abierta. La sangre entonces forma una capa protectora para cubrir el área expuesta. Después, el cuerpo comienza a reparar los capilares afectados y a crear una nueva piel o cobertura. Cuando el proceso ha terminado, dependiendo de qué tan pequeña fue la herida, terminas completamente nuevo.

O si padece una gripe, su cuerpo comienza a trabajar para crear estabilidad. Sus anticuerpos y su sistema inmunológico comienzan a luchar para acabar con cualquier germen o infección. Su cuerpo también crea ciertas proteínas para fortalecerlo y sanarlo.

Dios nos creó para sanarnos y sobrevivir. Esta es una gracia dada a toda la humanidad aún si rechazan a Dios y nunca vienen a Él. Este proceso de sanidad es natural, pero refleja el corazón, intención y deseo de un Dios sobrenatural.

---

[15] Tal vez piense, "si Dios está dispuesto a sanar a todos hoy, entonces ¿por qué no todos están sanos?" Por la misma razón no todos son salvos. No todos vendrán a Dios o pondrán su confianza en Dios para su sanidad. Cada persona que vino a Jesús para ser sanado en los evangelios fue sanada, sin excepción. Jesús no ha cambiado.

La sanidad y los esfuerzos humanos

¿Y qué de los hospitales y la medicina? Dios ha provisto elementos de sanidad en la misma naturaleza de la tierra para ayudar a traer salud y sanidad física. Además de los alimentos y plantas naturales que los doctores pueden usar, ellos también han creado tratamientos para tratar de ayudar a las personas que están dolidas o enfermas. ¿Crees acaso que los doctores y las enfermeras tienen más compasión que Dios?

Mejor aún, permíteme hacerle otra mejor pregunta. ¿Si no es siempre la voluntad de Dios sanarle, entonces por qué va a los doctores? ¿Por qué usted busca ayuda para sus enfermedades y dolores? ¿Si Dios quiere que algunos estén enfermos, y luego ellos van a los doctores buscando ayuda, no estarían ellos en desobediencia? Como dice Art Thomas, "si no es la voluntad de Dios sanar a todos, ¿entonces por qué anduvo Jesús por todas partes sanando a todo los enfermos? ¿Estaba Él yendo en contra de la voluntad de Su padre?"[16]

Creo que esto es bien obvio. Si está en la naturaleza de Dios, cual no cambia, el sanar; si la sanidad fue parte de la expiación de Jesús; si la sanidad y el perdón son dos lados de la misma moneda; si toda la naturaleza apunta hacia la sanidad, ¿entonces cómo puede alguien pensar que Dios no sana hoy, y aun si lo hiciera, que no siempre es Su voluntad hacerlo?

Creo que es porque hemos dejado que nuestras experiencias, tradiciones y prejuicios informen a nuestra fe en

---

[16] Véase su mensaje en YouTube, "10 Things Jesus Never Said About Healing" (10 Cosas que Jesús Nunca Dijo Acerca de la Sanidad)

vez de la palabra de Dios. Yo estoy convencido por la palabra de Dios que Dios todavía sana hoy. Yo estoy convencido por la palabra de Dios que *sí es Su voluntad* sanar a todos hoy. Y estoy aún más convencido que Dios está dispuesto a usarnos a mí y a usted como instrumentos para sanar si se lo permitimos.

La Sanidad y el Evangelismo
Parte 2

"Y estas señales seguirán a los que creen: En mi nombre... sobre los enfermos pondrán sus manos, y sanarán." (Marcos 16:17, 18)

Parte de la Gran Comisión es enseñarles a los creyentes a obedecer todos los mandatos de Jesús. ¿Sabía usted que parte de los mandatos de Jesús a Sus discípulos incluía sanar a los enfermos? "[7]Y yendo, predicad, diciendo: El reino de los cielos se ha acercado. [8]Sanad enfermos, limpiad leprosos, resucitad muertos, echad fuera demonios; de gracia recibisteis, dad de gracia." (Mateo 10:7-8). ¿Y sabía usted que en el mismo contexto de la Gran Comisión, Jesús dijo que los creyentes pondrán sus manos sobre los enfermos y sanarán como señal para confirmar el mensaje del evangelio del reino (Marcos 16:17-18)?

Hay muchos que dicen, "sí, pero Jesús dijo que estas señales seguirán a los creyentes, no que los creyentes deben seguir las señales." Yo amo la respuesta de Bill Johnson a esta idea. Él dice, "Bueno, ¿le están siguiendo las señales a usted? Si no, siga las señales hasta que las señales le sigan a usted." Si estas señales no nos están siguiendo deberíamos aprender por qué y cómo comenzar a ver lo sobrenatural en nuestras vidas. Este es el propósito de este capítulo, el aprender cómo comenzar a sanar a los enfermos.

Ahora, en mis observaciones, he aprendido que no hay una sola forma de sanar a los enfermos. Hay algunos ejemplos donde Jesús pone Sus manos sobre los enfermos (Lucas 4:40). En otros instantes, Él sólo dio una palabra (Lucas 7:1-10). Algunas veces Él hacía algo extraño como escupir y aplicarle lodo a los ojos (Marcos 7:33; 8:23; Juan 9:6). Pedro vió sanidades suceder a veces cuando su sombra pasaba por encima de alguien (Hechos 5:15). Otros fueron sanados por pañuelos que vinieron del cuerpo de Pablo (Hechos 19:12).

El punto de todos estos ejemplos es enseñarle que no hay una sola manera de ver los enfermos sanados. Pero lo que me gustaría hacer es darle algunos pasos que le ayudaría a comenzar a ver a los enfermos sanados. Mientras ore por más personas, más personas vá a ver sanadas. Lo opuesto también es cierto. Si nunca ora por alguien, nunca vá a ver a Dios usarle para sanar.

Paso #1 – Entrevista a la persona

Debemos recordarnos siempre que todo lo que hagamos debe ser hecho en un espíritu de amor. "El amor edifica" (1 Corintios 8:1). Por lo tanto, no queremos ir a un desconocido y ponerle las manos sin permiso. Queremos crear un puente que les permita sentirse cómodos con nosotros para que podamos orar por ellos. Ese puente es la entrevista.

He escuchado a algunos decir, "a nadie les importa cuánto sabes, hasta que sepan cuánto le amas." El conversar y hacerles preguntas a las personas demuestra que estamos interesados en ellas.

La entrevista también ayuda porque nos permite saber exactamente lo que está sucediendo con la persona, lo cual nos ayudará a saber cómo orar por ella. Usted no quiere estar echando fuera un demonio cuando el problema tal vez sea algo natural. De la misma manera, usted no quiere orar por alguien como si fuese algo natural cuando puede haber una razón espiritual tras su enfermedad o dolor. Para eso es la entrevista. Las siguientes son algunas preguntas que le puedes hacer:

- ¿Cómo está hoy? ¿Cómo se siente?
- Yo puedo notar que tiene un dolor, ¿qué le está pasando? ¿Puedo orar por usted?
- ¿Durante cuánto tiempo ha estado enfermo o ha tenido este dolor?
- ¿Se acuerda de lo que estaba sucediendo en su vida en el tiempo cuando comenzó a sentir estos síntomas por primera vez?
- ¿Qué siente ahora mismo? De 1 a 10, ¿cuánto dolor siente ahora mismo?

Ahora, dependiendo de cuánto tiempo tenga con la persona, puede decidir cuáles preguntas hacerle. Dependiendo de cómo las respondan, va a tener una idea de cómo orar por esa persona más adelante.

Paso #2 – Imponga su mano en el área afectada

Ahora, antes de imponerle las manos asegúrese que ellos lo aprueben y que sea apropiado para hacerlo. Si eres un varón y estas orando por una hembra, los lugares más seguros para imponer sus manos son en la cabeza, hombros o manos de la persona. Si ellas aprueban, también le puedes imponer las manos en sus rodillas o tobillos, si son las áreas afectadas de ellas. El punto es que hagamos todo con pureza y amor. Cuando sea posible, deja que las mujeres oren por las mujeres y los hombres por los hombres.

Ahora, una razón por la cual queremos imponer nuestras manos sobre ellos es porque este es el ejemplo que vemos en Jesús, los apóstoles y la iglesia primitiva. En Marcos 16:18, aún dice que si imponemos nuestras manos ellos sanaran.

Otra razón por la cual imponemos nuestras manos es porque un toque físico puede comunicar confianza, amor o compasión. Hay algunas personas que normalmente no reciben un toque de sus familiares, amistades y mucho menos de un extraño. Jesús sanó un leproso en Mateo 8:2-3, pero antes de hacerlo Él lo tocó. No era necesario, pero ¿cuándo fue la última vez que ese hombre sintió un toque de alguien?

Por último, creo que debemos imponer las manos porque algunas veces poder puede ser transferido por un toque (véase Marcos 5:25-34).

Paso #3 –Invita la presencia del Espíritu Santo

No fue la sombra de Pedro, ni el pañuelo de Pablo, ni la saliva de Jesús lo que sanó a los enfermos. Fue la presencia del Espíritu Santo. El poder de Dios para sanar está en el Espíritu Santo (Hechos 1:8). El poder para demostrar el reino de Dios está en el Espíritu Santo (Mateo 12:28). Entonces, cuando pedimos que Él venga sobre un individuo, eso permite que la persona sienta la presencia de Dios, Su amor y poder por sí mismo. Este tipo de encuentros con Dios no puede ser subestimado.

Muchas veces cuando el Espíritu Santo está obrando en una persona, tal vez ellos sientan un calor, electricidad, calambre, o paz. Estas son buenas señales de que Dios está trabajando verdaderamente en la persona y usted le puede comunicar esto. Además, aníma su propia fe al saber que ellos están sintiendo algo.

Oré por una joven en una ocasión. La longitud de sus piernas eran desiguales. Después de orar, su pierna más corta se estrechó y ella comenzó a llorar. Cuando hablé con su abuela después en el día, ella me dijo que el resto del día sus piernas todavía tenían calambre.

El sentir algo no es necesario, pero sí animadora. Por supuesto, va a ver veces cuando la persona no sentirá nada y como quiera será sanada. Sin importar lo que veas, confía en Dios y permite Su presencia trabajar en la persona. Mientras más cooperamos con Él, más sanidades veremos.

Paso #4 – Ordena a todos los espíritus que salgan del cuerpo y que el cuerpo sea sanado

¿Sabía usted, que yo no pude encontrar un ejemplo donde Jesús, los apóstoles, ni la iglesia primitiva en la actualidad le pidió al Padre que sanara a alguien? Esto no contradice el paso anterior, pero Jesús nos dijo que sanáramos a los enfermos. Ahora, por supuesto, reconocemos que nosotros en sí no podemos sanar. Es Dios quien sana. Pero yo creo que el punto es que Cristo nos ha dado autoridad para actuar por Su parte.

La Biblia dice, "Habiendo reunido a sus doce discípulos, les dio poder y autoridad sobre todos los demonios, y para sanar enfermedades" (Lucas 9:1). Y con esa autoridad, ordenamos a los espíritus de dolor y enfermedad que salgan y ordenamos que los huesos, coyunturas, nervios, tendones, o músculos sean sanados.

Debemos dar órdenes porque la autoridad se expresa a través de nuestras palabras. El centurión que le pidió a Jesús que sanara a su sirviente reconoció esto.

> [6] Y Jesús fue con ellos. Pero cuando ya no estaban lejos de la casa, el centurión envió a él unos amigos, diciéndole: Señor, no te molestes, pues no soy digno de que entres bajo mi techo; [7] por lo que ni aun me tuve por digno de venir a ti; pero dí la palabra, y mi siervo será sano. [8] Porque también yo soy hombre puesto bajo autoridad, y tengo soldados bajo mis órdenes; y digo a éste: Vé, y va; y al otro: Ven, y viene; y a mi siervo: Haz esto, y lo hace. [9] Al oír esto, Jesús se maravilló de él, y volviéndose, dijo a la gente que le seguía: Os digo que ni aun en Israel he hallado tanta fe. [10] Y al regresar a casa los que habían sido enviados, hallaron sano al siervo que había estado enfermo. (Lucas 7:6-10)

Usando la autoridad que Jesús nos dio, debemos ordenar que la sanidad ocurra. Art Thomas dice (y estoy parafraseando) que cuando le pedimos a Dios que sane a alguien, que Él ya nos dijo que sanará, es como usted pedirle a otra persona un vaso de agua y cuando buscan el vaso, esa persona se torna y le dice a usted que ¡venga a llenar su propio vaso de agua!

Permítame darle este consejo, no ore oraciones largas. No se trata de cuantas palabras diga. Se trata de orar y ordenar con fe. Nota las ordenes de la Biblia, "levántate," "toma tu lecho y anda," "ojos, ábranse."

Paso #5 – Dale gracias a Dios por lo que Él está haciendo en la persona

La Biblia dice que Dios "habitas entre las alabanzas" de Su pueblo (Salmo 22:3) La acción de gracias a Dios por lo que Él está haciendo aumenta la manifestación de Su presencia. También remueve la vista de lo que está pasando con la persona y enfoca la mirada en Dios. La acción de gracias también refleja humildad porque les recuerda a todos que es Dios en verdad quien está haciendo la obra. "Siervos inútiles somos, pues lo que debíamos hacer, hicimos" (Lucas 17:10).

Paso #6 – Pida que la persona haga algo que no podía hacer antes

La Biblia dice que "la fe sin obras es muerte" (Santiago 2:17, 26). Con pedirle a la persona que se mueva en fe, usted lo estás invitando a ser parte del proceso de su sanidad. Y no sabrás qué sucedió si la persona no examinas su condición. Va a ver que a veces las personas no sentirán algo mientras ores por ellas pero cuando traten de mover sus hombros, o caminar con esas rodillas, o se levantasen de esa silla de ruedas, ellas van a notar que ya fueron sanadas.

En Hechos 3 encontramos este caso del hombre por el cual Pedro y Juan oraron. La Biblia dice, "[7] Y tomándole por la mano derecha le levantó; y al momento se le afirmaron los pies y tobillos; [8] y saltando, se puso en pie y anduvo; y entró con ellos en el templo, andando, y saltando, y alabando a Dios." (3:7-8). Nota que sus tobillos se fortalecieron cuando su fe fue puesta en acción y no antes.

Este puede ser el momento más intimidante. Nuestro primer instinto es orar y después dejar a la persona, antes de que alguien note que nada sucedió. Yo sé, yo lo he hecho muchas veces. Pero tenemos que cruzar esa "línea de gallina" y ver si algo sucedió. No estamos haciendo esto para nuestra imagen, reputación o gloria. Estamos aquí para glorificar y obedecer a Dios.

Y sepa esto, como yo he escuchado a algunos decir, aunque si nada suceda, la persona va a apreciar el hecho de que tomaste el tiempo para orar por ella. El gesto de la oración es un gesto que comunica amor. Algunos van a ser incrédulos desde el principio, así que no hay manera de perder. Si ora y nada sucede, la persona todavía se vá sintiéndose amada. Si ora y algo si sucede, la persona se irá sintiendo gozo, amada por Dios, y ahora estará más abierta a escuchar de Jesús. Es una situación de ganancia de cualquier modo.

Qué hacer si nada pasa

La fe es persistente. No se rinda. Entonces, si la persona le permite, trate y trate otra vez hasta que Dios haga algo. Yo he tenido muchos instantes donde he visto una persona ser sanada después de orar tres o cuatro veces. Comienza el proceso de nuevo. Pregúntale si sintieron algo durante la oración. Algunos le dirá que comenzaron a sentir calor, calambre o paz. Algunos tal vez le diga que su dolor aumentó o se movió a otro lado del cuerpo. Esta es una señal de que hay un demonio causando su dolor. Pónle las manos a la persona, pídele al Espíritu Santo que venga sobre la persona, ordena cualquier espíritu o espíritus que salgan del cuerpo y que el área afectada sea sanada. Luego, alaba a Dios por lo que Él está haciendo y después pídele que examine su cuerpo de nuevo. Repita estos pasos cuantas veces sea necesario. Recuerda, es la voluntad de Dios que ellos sean sanados y Él le quiere utilizar. ¿Sabía usted que habían veces en las que aun Jesús tuvo que orar por una persona más de una vez para que se sanara (véase Marcos 8:23-25)? Entonces, si Jesús necesitó orar más de una vez en algunas ocasiones, usted y yo podemos definitivamente orar 7 u 8 veces para que alguien sea sanado. El punto es, no se rinda. Dios está con usted y usted verá los resultados si continúa perseverando.

La Liberación y el Evangelismo Parte 1

"Y estas señales seguirán a los que creen: En mi nombre echarán fuera demonios…" (Marcos 16:17)

Cada capítulo de este libro se puede convertir en su propio libro. El tema de la liberación es uno de esos temas que tiene cientos de libros, seminarios y videos para informar al pueblo de Dios. Y aún entre todos estos recursos hay diferencias en métodos e ideologías. No estoy tratando de darle una explicación exhaustiva de todo, solamente un repaso para que pueda comenzar.[17]

Me gustaría comenzar dándole, lo que yo creo que son, algunas verdades fundamentales antes de comenzar a entrar en la guerra espiritual.

1. Cristo debe ser su enfoque, no Satanás

La Biblia es bien clara en lo que nuestros ojos, corazones, y mentes deben enfocarse. La Biblia dice, "puestos los ojos en Jesús, el autor y consumador de la fe" (Hebreos 12:2). "Si, pues, habéis resucitado con Cristo, buscad las cosas de arriba, donde está Cristo sentado a la diestra de Dios. 2 Poned la mira en las cosas de arriba, no en las de la tierra. 3 Porque habéis muerto, y vuestra vida está escondida con Cristo en Dios." (Colosenses 3:1-3). "8 Por lo demás,

---

[17] Si quieres investigar algunos de estos temas más profundamente, recomendaré diferente recursos al final de este libro para ayudarle en su investigación.

hermanos, todo lo que es verdadero, todo lo honesto, todo lo justo, todo lo puro, todo lo amable, todo lo que es de buen nombre; si hay virtud alguna, si algo digno de alabanza, en esto pensad." (Filipenses 4:8).

Yo he visto tantas personas volverse tan conscientes del diablo, que lo ven en cada esquina. Constantemente sobre sus labios están las palabras como, "el diablo hizo esto," "el diablo dijo esto," "el diablo me hizo hacer esto o aquello," etc. Satanás es una persona real, pero él no es nuestro enfoque, sino Jesús. Mientras más nos acercamos a Cristo y conocemos a Dios, más vamos a ver la victoria sobre las fuerzas de las tinieblas. "Someteos, pues, a Dios; resistid al diablo, y huirá de vosotros." (Santiago 4:7).

2. Debemos conocer lo que cumplió Jesús y quiénes somos en Él

No seremos muy efectivos en la guerra espiritual o en la liberación si no conocemos lo que fue cumplido por Cristo y lo que Él ha hecho disponible para nosotros por nuestra relación con Él. La Biblia dice, "Mi pueblo fue destruido, porque le faltó conocimiento" (Oseas 4:6). Entendiendo estas verdades nos guardará de caer como presas en las mentiras y artimañas del diablo.

Primero, debemos entender que por la muerte y resurrección de Jesús, Satanás ha sufrido derrota y ha perdido su autoridad para operar en la esfera de la tierra. (Lucas 4:6; Juan 12:31). Dios prometió en Génesis 3:15 que un día Jesús "herirá" la cabeza de Satanás, la serpiente antigua (Apocalipsis 12:9). Dios comenzó el cumplimiento de esta promesa con la crucifixión de Jesús, "para destruir por medio de la muerte al que tenía el imperio de la muerte, esto es, al diablo" (Hebreos 2:14). "Y despojando a los principados y a las potestades, los exhibió públicamente, triunfando sobre ellos en la cruz" (Colosenses 2:15).

Por lo tanto, en el presente el diablo opera en este mundo ilegalmente. Por eso es que cuando Cristo resucitó y ascendió al cielo Él nos dejó el trabajo que Él comenzó. Juntamente con el trabajo de echar afuera a Satanás, Él también nos dió completa autoridad sobre el mundo espiritual. La Biblia dice que Dios,

> [20] operó en Cristo, resucitándole de los muertos y sentándole a su diestra en los lugares celestiales, [21] sobre todo principado y autoridad y poder y señorío, y sobre todo nombre que se nombra, no sólo en este siglo, sino también en el venidero; [22] y sometió todas las cosas bajo sus pies, y lo dio por cabeza sobre todas las cosas a la iglesia, [23] la cual es su cuerpo, la plenitud de Aquel que todo lo llena en todo. (Efesios 1:20-23)

Dios también "juntamente con él nos resucitó, y así mismo nos hizo sentar en los lugares celestiales con Cristo Jesús" (Efesios 2:6). Jesús también nos ha dado "poder y autoridad sobre todos los demonios, y para sanar enfermedades" (Lucas 9:1). Él también dijo "He aquí os doy potestad de hollar serpientes y escorpiones, y sobre toda fuerza del enemigo, y nada os dañará." (Lucas 10:19).

En otras palabras, por estar en Cristo también compartimos en Su autoridad. Jesús nos dio la misma autoridad que Él ejerció cuando estaba en la tierra. Somos Cristos "pequeños" en este mundo. Y porque Él vive, en el cielo y también en nosotros a través del Espíritu Santo, tenemos todo el apoyo y los recursos del cielo a nuestra disposición.

3. Peleamos *desde* la victoria y no *para* la victoria

Entendiendo que Jesús ya ha derrotado y desarmado a Satanás y que Él nos ha dado la misma autoridad para continuar haciéndolo, nos permite confrontar al enemigo con confianza. Nos ayuda a entender que no estamos peleando para ganar una guerra. Ya hemos ganado la guerra. Estamos peleando desde la victoria y no para la victoria. Estamos ejecutando la victoria que Cristo ya ha ganado a través de Su muerte y resurrección. Se puede llamar un "Ejecutor del Reino".

Donde quiera que vamos ejecutamos la voluntad y el reino de Dios sobre el reino de las tinieblas. Por lo tanto, cuando le ministramos a una persona no estamos dudosos si tenemos la suficiente autoridad y unción para ayudarle. Tenemos toda la autoridad.

Es similar a lo que pasó en la segunda Guerra Mundial. La guerra fue ganada mucho antes de que murió Hitler. Y aunque la guerra fue ganada, habían grupos rebeldes que resistieron a los Aliados. Pero esos rebeldes ya no estaban en autoridad. Esos rebeldes ya habían perdido, pero el ejército siguió avanzando hasta que la victoria fue completamente ejecutada.

Un día vamos a ver lo mismo. Vendrá un día cuando Satanás y sus demonios serán lanzados al lago de fuego (Mateo 25:41; Apocalipsis 20:10) y después aparecerán los nuevos cielos y la nueva tierra (Apocalipsis 21:1) donde "Enjugará Dios toda lágrima de los ojos de ellos; y ya no habrá muerte, ni habrá más llanto, ni clamor, ni dolor; porque las primeras cosas pasaron" (Apocalipsis 21:4).

Pero hasta que venga ese tiempo pelearemos desde la victoria y continuaremos echando fuera los demonios y derrotando sus fortalezas para ver los cautivos ser libres.

4. Estamos en una verdadera guerra espiritual

En la mentalidad racionalista y naturalista de muchas personas, la realidad de la participación del diablo en nuestro diario vivir es ignorada o completamente negada. C. S. Lewis dijo (y estoy parafraseando) que hay dos errores grandes que el ser humano puede cometer en relación al diablo. El primero es sobre-enfatizarlo y el otro es no creer por completo en ¡su existencia!

La Biblia dice que hay tal persona como Satanás. Él es conocido como la serpiente antigua, el gran dragón o el diablo (Apocalipsis 12:9). Él es conocido como un acusador (Apocalipsis 12:10), un ladrón, asesino y destructor (Juan 10:10). Él es conocido como un mentiroso y padre de mentiras (Juan 8:44). La Biblia también lo llama el "príncipe de la potestad del aire" (Efesios 2:2).

Esta personalidad no está en un lugar atado y no involucrado. No, la Biblia dice que en el presente él es el "dios" (con una "d" minúscula) de este mundo y ha cegado "el entendimiento de los incrédulos, para que no les resplandezca la luz del evangelio de la gloria de Cristo, el cual es la imagen de Dios." (2 Corintios 4:4). "Sabemos que somos de Dios, y el mundo entero está bajo el maligno." (1 Juan 5:19).

Ahora, él no gobierna este mundo solo. Él tiene un reino, un ejército militante de demonios, un grupo de rebeldes organizados, de ángeles caídos (Mateo 12:26; Efesios 6:12). Satanás, junto con su huestes de maldad trabajan en los hijos de desobediencia (Efesios 2:2). Ellos tientán, oprimen, afligen, atormentan, y engañan.

Sí, están derrotados pero todavía están activos en este mundo rebelándose en contra del reino de Dios. Nuestro trabajo es hacer cumplir el reino. Por eso es importante estar informados sobre quién es su enemigo y cómo él opera. "Sed sobrios, y velad; porque vuestro adversario el diablo, como león rugiente, anda alrededor buscando a quien devorar" (1 Pedro 5:8).

En el próximo capítulo vamos a ver cómo es que peleando a este enemigo se conecta a ganar almas y afirmarlas en el reino de Dios.

La Liberación y el Evangelismo Parte 2

"Y estas señales seguirán a los que creen: En mi nombre echarán fuera demonios..." (Marcos 16:17)

Cuando mencionamos el término "guerra espiritual" estamos hablando de la pelea y lucha que existe entre el reino de Dios y el reino de Satanás. Estos dos reinos no son opuestos con el mismo nivel de poder. No, Dios es soberano y omnipotente. Él reina sobre todo el universo. Satanás es un enemigo derrotado quien está en rebelión a la voluntad de Dios.

Pero esta pelea incluye un tercer grupo – la humanidad. Ambos, Dios y Satanás están buscando a reinar y establecer sus reinos en el corazón del hombre. Dios lo hace a través del amor y Satanás a través de la manipulación. Dios lo hace a través de la verdad y Satanás a través de la decepción. Dios está dispuesto a sacrificar Su vida para liberar a los cautivos, mientras Satanás está dispuesto a tomar una vida para mantenerlos atados.

Esta lucha por el corazón de los hombres es la razón por la cual la guerra espiritual está sucediendo aquí en la tierra y no en algún lugar en el espacio. Y Dios, ahora está recuperando lo que Satanás usurpó, dándole a Su iglesia, Su autoridad. Como iglesia, peleamos esta guerra con estrategias y armas defensivas y ofensivas.

1. La Guerra Espiritual de los Creyentes

Como la iglesia camina en la misma autoridad y poder que Jesús tenía cuando estaba en la tierra, el enemigo está buscando maneras de impedir que seamos efectivos. Él usa mentiras, decepción y puertas abiertas para tratar de obtener acceso a nuestras vidas para que no caminemos en la plenitud del carácter, amor y poder de Jesucristo para liberar a los demás.

Por ejemplo, Pablo dice que el aguantar enojo le da acceso al diablo, "[26] Airaos, pero no pequéis; no se ponga el sol sobre vuestro enojo, [27]ni deis lugar al diablo" (Efesios 4:26-27). Jesús dijo que aquellos que aguantan falta de perdón y amargura serán atormentados, "[34] Entonces su señor, enojado, le entregó a los verdugos, hasta que pagase todo lo que le debía. [35]Así también mi Padre celestial hará con vosotros si no perdonáis de todo corazón cada uno a su hermano sus ofensas" (Mateo 18:34-35).

Entonces se nos ha sido dada una estrategia fuerte, poderosa y eficaz para no permitir que Satanás tome ventaja en nuestras vidas. Esa estrategia se llama una vida de santidad. Una vida santificada y consagrada es la mejor defensa de un creyente contra el enemigo. Esta verdad es ilustrada en lo que Pablo llama la "armadura de Dios."

[10] Por lo demás, hermanos míos, fortaleceos en el Señor, y en el poder de su fuerza. [11] Vestíos de toda la armadura de Dios, para que podáis estar firmes contra las asechanzas del diablo. [12] Porque no tenemos lucha contra sangre y carne, sino contra principados, contra potestades, contra los gobernadores de las tinieblas de este siglo, contra huestes espirituales de maldad en las regiones celestes. [13]

Por tanto, tomad toda la armadura de Dios, para que podáis resistir en el día malo, y habiendo acabado todo, estar firmes. (Efesios 6:10-13)

Si lee el resto del capítulo notará que él menciona los elementos de esa armadura que nos ayudará a mantenernos firmes en contra de las artimañas y ataques del diablo. Él habla de caminar en la verdad (honestidad y transparencia), justicia (integridad y obediencia), paz, salvación (la certeza de nuestra identidad en Dios), la fe, la palabra de Dios y la oración (véase Efesios 6:14-18).

Santiago lo resume bien en este verso, "Someteos, pues, a Dios; resistid al diablo, y huirá de vosotros" (Santiago 4:7). ¿Cómo podemos libertar a los cautivos si nosotros mismos somos cautivos? Caminemos pues en libertad y entonces podremos ayudar a otros ser libres.

2. La Guerra Espiritual en una Región

Si viajas a diferentes partes del mundo, o aun a diferentes ciudades o estados notarás que hay ciertos pecados que son más dominantes en un lugar que otro. La razón de esto son los poderes diabólicos que están operando en esa región. La Biblia los llama "principados, poderes y potestades" (Efesios 6:12). Estos son príncipes de demonios a quienes han sido delegada autoridad sobre un área geográfica específica. Un gran ejemplo de esto se puede ver en el libro de Daniel.

En Daniel 10, Daniel determina orar y le pide a Dios respuesta sobre lo que él está preocupado. Dios le mandó la respuesta con un ángel inmediatamente después de que él comenzó a orar, pero el ángel fue detenido por uno de estos principados.

> [12] Entonces me dijo: Daniel, no temas; porque desde el primer día que dispusiste tu corazón a entender y a humillarte en la presencia de tu Dios, fueron oídas tus palabras; y a causa de tus palabras yo he venido. [13] Mas el príncipe del reino de Persia se me opuso durante veintiún días; pero he aquí Miguel, uno de los principales príncipes, vino para ayudarme, y quedé allí con los reyes de Persia. [14] He venido para hacerte saber lo que ha de venir a tu pueblo en los postreros días; porque la visión es para esos días. (Daniel 10:12-14)

Entonces podemos ver en este ejemplo que muchas veces los creyentes tal vez experimenten oposición de este tipo de espíritus cuando intentan hacer la voluntad de Dios.

Con mirar al Nuevo Testamento, una de las maneras de vencer estos principados y espíritus demoníacos sobre estas regiones es a través de la conversión de masas por el evangelismo de poder. Podemos ver esto claramente en tres diferentes ejemplos. Pero sólo hablaré del primero.[18] En Lucas 10 Jesús manda a los 70 discípulos a predicar el reino, echar fuera demonios y sanar los enfermos. Esto es

---

[18] Los otros dos ejemplos se encuentran en el libro de los Hechos, capítulos ocho y diecinueve. A medida que el evangelio avanza en estas dos regiones de Samaria y Éfeso, los principados de brujería y paganismo comienzan a derrumbarse mientras el pueblo se torna a Cristo en gran número. Otra poderosa manera de vencer estos espíritus territoriales es mediante la oración, el ayuno y la intercesión.

lo que sucede cuando ellos regresaron de su corto viaje misionero:

> [17] Volvieron los setenta con gozo, diciendo: Señor, aun los demonios se nos sujetan en tu nombre. [18] Y les dijo: Yo veía a Satanás caer del cielo como un rayo. [19] He aquí os doy potestad de hollar serpientes y escorpiones, y sobre toda fuerza del enemigo, y nada os dañará. [20] Pero no os regocijéis de que los espíritus se os sujetan, sino regocijaos de que vuestros nombres están escritos en los cielos. (v17-20).

Entonces, mientras los 70 están predicando, echando fuera demonios y sanando los enfermos, el pueblo se está convirtiendo y las huestes espirituales de maldad están perdiendo su autoridad.

Habrá muchos que difirieran conmigo en este punto de cómo conducirse en la guerra regional o territorial, pero yo no veo ninguna razón de temer ir a una región porque hay una potestad operando ahí. Sí, queremos orar. Sí, queremos estar informados de con que vamos a estar lidiando. Pero Jesús ya dijo "Id por todo el mundo y predicad el evangelio a toda criatura." (Marcos 16:15). Se nos ha dado autoridad sobre todo el poder del enemigo. Por lo tanto, "¡Id!"

Mientras más pecadores son convertidos, mas estos espíritus perderán su influencia y poder sobre la región.

3. La Guerra Espiritual para los Perdidos

Me gustaría proponer dos ideas en relación a los perdidos. Primero, no esperes que cada batalla sea tan dramática como lo que se ve en le película El Exorcista. La guerra espiritual no tiene que durar horas y horas. "¹⁶ Y cuando llegó la noche, trajeron a él muchos endemoniados; y con la palabra echó fuera a los demonios, y sanó a todos los enfermos" (Mateo 8:16). Nota, Él los echó fuera con la palabra. En el griego dice que él los echó fuera "con una palabra." En otras palabras, salieron fácilmente.

En muchos instantes, solamente con ordenarles que salgan será suficiente. Puedes decir, "En el nombre de Jesús, yo ato cualquier espíritu inmundo y te ordeno que salgas de este cuerpo ahora mismo." O "Yo ordeno a todo espíritu de dolor que suelte a esta persona, y que salga ahora mismo." Va a ver algunos casos donde tendrá que ser un poco más persistente. Pero si te mantienes en fe, eventualmente van a salir.

La segunda idea que me gustaría proponer es que si un incrédulo está bajo una opresión más seria, violenta o difícil que le está afligiendo su alma, no lo liberes al menos que esté dispuesto a entregar su vida a Jesús. Tal vez suene cruel, pero escúchame un momento. Jesús dijo,

> ²⁴ Cuando el espíritu inmundo sale del hombre, anda por lugares secos, buscando reposo; y no hallándolo, dice: Volveré a mi casa de donde salí. ²⁵ Y cuando llega, la halla barrida y adornada. ²⁶ Entonces va, y toma otros siete espíritus peores que él; y entrados, moran allí; y el postrer estado de aquel hombre viene a ser peor que el primero. (Lucas 11:24-26)

En otras palabras, si libera a una persona que no está dispuesta a entregar su vida a Jesús,[19] esos espíritus volverán otra vez más tarde con más espíritus y esa persona terminará peor. Es la presencia del Espíritu Santo la que nos da poder para vencer el pecado, la tentación y el diablo. Si el Espíritu Santo no está en nosotros, como se puede ver en el ejemplo que Jesús nos dio, ¿quién va a impedir que esos espíritus regresen en números y fuerzas más grandes?

En su libro *La Guía Bíblica Para la Liberación*, Randy Clark dice, "Si alguien no es creyente y desea recibir liberación, podemos llevarlos al Señor antes de que le ministremos liberación, o podemos expulsar al demonio y entonces llevarlo a Cristo de inmediato después de ello. Funciona en cualquier modo."[20]

Randy Clark recomienda que cuando estemos ministrando liberación,

1. *Debemos entender que la persona es la prioridad.* Debemos asegurarnos de ministrarle a la persona en amor. Ellos no son el demonio, sino que están siendo oprimidos por uno.
2. *Debemos tomar autoridad sobre cualquier manifestación.* Aunque muchos creen que debemos hablar con los demonios para obtener información para ayudar a la persona, yo le aconsejería lo contrario.

---

[19] Algunos tal vez pregunten si esto es posible. Los creyentes han sido dados autoridad sobre todo demonios por Jesús y podemos expulsar demonios aun sin la persona pedirlo. Eso se puede ver en el ejemplo de la joven con el espíritu de adivinación (Hechos 16:18).

[20] Clark, p49. Si quieres saber más sobre esta idea puedes leer su libro, especialmente el capítulo 5. También se recomendará una lista de libros al final de este libro.

Los demonios son mentirosos, y lo que necesitemos para ayudar a la persona se puede recibir por el Espíritu Santo.[21] No es amoroso dejar que el demonio siga usando, controlando o manipulando a la persona solamente porque pensamos que va a ayudar. No permitamos que ellos humillen más a la persona. Ordena que el espíritu se someta, o que enmudezca en el nombre de Jesús.

3. **Debemos determinar la sinceridad de la persona.** ¿La persona en realidad quiere ser libre? Si no, los espíritus tendrán una puerta abierta para regresar a sus vidas.

4. **Debemos determinar si han aceptado o están dispuesto a aceptar a Cristo como su Señor y Salvador.** Si no lo han hecho y no están dispuestos a aceptarlo, debemos animarlos con amor a que lo reconsideren. Pero si insisten, debemos bendecirlos y orar para que Dios trabaje en sus vidas. Si no lo han hecho, pero si están dispuestos, debemos ayudarlos a orar y recibir a Cristo.

5. **Debemos entrevistarlos para ayudarlos a cerrar cualquier puertas abierta que le haya dado al enemigo acceso a sus vidas.** Me gustaría recomendarle que guíen a la persona en un proceso formado por Neil Anderson en su libro Los Pasos Hacia la Libertad en Cristo.[22] Pero si no tienes acceso a este

---

[21] Debemos orar por el don del discernimiento de espíritus. Este don nos da la habilidad de conocer el nombre o la naturaleza del espíritu que trabaja en una persona o ambiente a través de uno o más de nuestros sentidos espirituales.

[22] Su proceso puede durar varias horas, pero vale la pena para liberar a la persona. Si le gustaría familiarizarse más con estos pasos puede leer Victoria

libro entonces ayúdalos a confesar cualquier pecado o puertas que tal vez le abrieron al enemigo. Algunas áreas en que puedes comenzar son: participación en lo oculto, personas que lo han herido y necesitan perdonar, maneras que tal vez estén en rebeldía contra autoridades, o pecados de lascivia, orgullo, o avaricia. Luego, dirígelos a arrepentirse y a renunciar a esos pecados. Por ejemplo, "Señor yo confieso que soy culpable de (nombre del pecado). Ya no quiero esto en mi vida y lo renuncio en el nombre de Jesús. Perdóname y límpiame con tu sangre. En el nombre de Jesús, amen."

6. **Debemos echar fuera todos los demonios e invitar a que el Espíritu Santo los llene.** Cuando la persona ya ha terminado de confesarse y arrepentirse de sus pecados o puertas abiertas que le dio al enemigo el derecho a sus vidas, ya los demonios no tienen el derecho de estar ahí. Ya en este momento les podemos ordenar que salgan, y después le pedimos a Jesús que los llene con el Espíritu Santo.

Estas solamente son guías. Estos principios no están escritos en piedras. Por favor estudie, lea su Biblia, otros materiales y permita que el Espíritu Santo le de su propia convicción. Pero cualquier cosa que hagas, no se mantenga ignorante de este tema. No sea indiferente a los que necesitan liberación.

Si queremos pescar a los hombres y ejecutar el reino debemos conocer a nuestro enemigo; debemos conocer

---

Sobre la Oscuridad, Rompiendo las Cadenas, Discipulado en Consejería. Todos estos libros son de Neil Anderson.

cómo vivir una vida victoriosa sobre sus estrategias; y debemos saber cómo ayudar a otros a ser libres de su opresión.

Palabras de Ciencia y el Evangelismo

"⁷Pero a cada uno le es dada la manifestación del Espíritu para provecho. ⁸Porque a éste es dada por el Espíritu palabra de sabiduría; a otro, palabra de ciencia según el mismo Espíritu" (1 Corintios 12:7-8)

Después de la sanidad y la liberación, una de las señales sobrenaturales que puede ser bien útil en ganar almas para Jesús es el don de palabras de ciencia. Art Thomas dice que una palabra de ciencia es "cuando el Espíritu Santo toma algo que Jesús conoce y nos lo revela a nosotros."[23] En su libro *Divine Healing Made Simple* (La Sanidad Divina Hecha Simple), Praying Medic define una palabra de ciencia como "información dada por el Espíritu Santo revelando ciertas verdades, del cual Dios esta consiente, pero nosotros no. Es una información acerca del pasado o presente que es verdadera."[24]

En otras palabras, este don es la habilidad de oír o recibir una información específica de Dios acerca de algo o alguien que es o era verdadero. Si es algo que sabes por sabiduría, investigación o discernimiento natural entonces eso no es una palabra de ciencia. Para que sea una palabra

---

[23] *The Word of Knowledge in Action* (Palabras de Ciencia en Acción), 41. Kindle e-book.
[24] Praying Medic, Location 1642 of 3918 (Kindle e-book).

de ciencia debe ser verdadero, acerca del pasado o el presente de alguien, y debe ser algo de lo cual no tuviste conocimiento de ante mano.

El don de la palabra de ciencia en el ministerio de Cristo

Jesús operaba en este don para alcanzar a los perdidos. En Juan capítulo 4 Jesús se encuentra con una Samaritana en un pozo. Después de conversar con ella sobre agua, Él le dice lo siguiente a ella, "Ve, llama a tu marido, y ven acá. [17]Respondió la mujer y dijo: No tengo marido. Jesús le dijo: Bien has dicho: No tengo marido; [18]porque cinco maridos has tenido, y el que ahora tienes no es tu marido; esto has dicho con verdad." (4:16-18)

Ahora, ¿cómo pudo Jesús conocer esto de esta mujer? Él nunca le había conocido. Esta era la primera vez que Él estaba conversando con ella. Y no había ninguna pista natural para informarle a Jesús del presente y pasado de esta mujer. Solamente se le podía haber revelado a Él por el Espíritu Santo.

Esta fue la respuesta de ella, "Señor, me parece que tú eres profeta" (4:19). Y de este momento en adelante ella estuvo abierta para escuchar lo que Él tenía que decir de más cosas espirituales. Eventualmente, Jesús se revela como el Mesías, ella acepta esta verdad y trae una ciudad entera para que conozcan a Jesús por ellos mismos. ¡Todo esto vino por una palabra de ciencia!

Esta no fue la única instancia donde algo así sucedió. Una palabra de ciencia ayudó a traer a un hombre llamado Zaqueo al arrepentimiento (Lucas 19:1-10). Una palabra de ciencia también ayudó a traer a uno de Sus discípulos llamado Natanael (Juan 1:43-51).

Palabras de ciencia tienen la habilidad de aumentar el interés y la curiosidad de alguien. Una palabra de ciencia puede ayudar a confirmar la validez de una palabra profética o aun el mensaje o ministerio de una persona. Una palabra de ciencia aún puede aumentar la fe en Dios y Su habilidad para cumplir lo que prometió.

¿Cómo podemos recibir palabras de ciencia?

Cualquier persona puede recibir una palabra de ciencia porque este don en realidad depende de nuestra habilidad de escuchar a Dios y discernir Su voz. Y como el Espíritu Santo vive en nosotros, todos podemos escuchar a Dios por nosotros mismos. La cantidad y la certeza de las palabras de ciencia que recibimos dependen de nuestra sensibilidad al Espíritu, nuestro conocimiento de cómo Él habla y nuestra disposición a obedecer y hablar lo que hemos recibido.

Si caminamos en la carne será difícil discernir cuando Dios nos está hablando. Si somos ignorantes de cómo las palabras de ciencia son dadas no reconoceremos cuando hemos recibido una. Y si no actuamos sobre las palabras que hemos recibido ¿por qué debe Él darnos más?

En su libro *Words of Knowledge* (Palabras de Ciencia), Randy Clark habla de seis diferente maneras que podemos recibir palabras de ciencia. Lo puedes sentir, leer, ver, pensar, hablar, o soñar. Esta no es una lista exhaustiva, sino que son las maneras principales como las personas reciben palabras de ciencia.

1. Lo sientes

Randy Clark dice que "viene como un dolor físico y simpático que puedes sentir literalmente en su cuerpo. No es un dolor que tendrás normalmente por sí mismo."[25] En otras palabras, Dios le permite sentir en su propio cuerpo lo que otra persona puede estar sintiendo en el suyo. Entonces puede estar orando por alguien o ministrando en una iglesia o caminando en algún lugar y de repente comienzas a sentir un dolor en la parte izquierda de su cabeza, o en uno de sus tobillos, o en su pecho. Ese dolor no estaba ahí antes, y no hay ninguna razón naturalmente para que usted lo sienta de esa manera. A veces esto puede ser una palabra de ciencia de lo que otra persona está sintiendo o experimentando.

En un caso como este puede preguntarle a la persona que le está ministrando o en general a la iglesia, si están experimentando esa situación en específico. Si alguien dice que sí, es una confirmación que Dios le dio una palabra de ciencia y que Él quiere que usted ore por ese problema específicamente porque Él está dispuesto a hacer algo para cambiarlo.

2. Lo lees

Esto sucede cuando usted "literalmente ve las palabras escritas – aun a veces lo puedes ver sobre una persona. Literalmente puedes ver palabras cruzando en frente de sus ojos. Para algunos, es como un gran titular de un periódico cruzando por el frente de ellos. Para otros es como cinta de teletipo, al igual que en el mercado de valores, cruzándole – y lo pueden leer así como estuvieran leyendo algo."[26] Clark menciona que aquellos que reciben palabras de ciencia en tal forma usualmente son más precisos. Una persona

---

[25] Clark, Location 106 of 802 (Kindle e-book).
[26] Clark, Location 170 of 802 (Kindle e-book).

que se movió poderosamente en esta forma fue William Branham.

3. Lo ves

Cuando palabras de ciencia vienen de esta forma, "usted lo ve – usted no lo lee, pero lo ve."[27] Son como imágenes en su mente. Tal vez vea imágenes o mini "películas" en su mente. Esta es la manera como yo usualmente recibo palabras de ciencia. Yo veo imágenes y cuando digo lo que veo la persona usualmente me confirma que estoy diciendo la verdad.

4. Lo piensas

Palabras de ciencia también vienen como pensamientos o impresiones a su mente. Una palabra, un nombre, o una situación pueden llegar a su mente acerca de la persona.

5. Lo dices

¿Has hablado u orado por alguien y de repente palabras comienzan a fluir de su boca sobre algo que usted ni aun tenía conocimiento o esperaba hablar? Luego la persona tal vez comienza a llorar, o se emociona o expresa su sorpresa porque mencionaste algo que ellos estaban sintiendo, o pasaron que nadie más o poca personas lo sabía.

Palabras de ciencia también pueden venir de esta forma. Randy Clark lo llama un "hablar inspirado."[28] Él dice, "usted no pensó en decirlo, ni aun planeaste a decirlo,

---

[27] Clark, Location 220 of 802 (Kindle e-book).
[28] Clark, Location 427 of 802 (Kindle e-book).

sino salió espontáneamente de su boca. Usted mismo lo escuchó por primera vez cuando lo habló... Sobrepasas los procesos cognitivos del cerebro."[29]

6. Lo sueñas

Información acerca de personas o cosas que están ocurriendo o van a ocurrir también puede ser revelada en sueños. Dios nos puede enseñar la condición, el problema, el pecado, o la necesidad de otra persona. Y cuando compartimos ese sueño con la persona ellos nos confirman que es cierto.

Amor y sabiduría cuando recibes o das palabras de ciencia

Estas son las seis diferentes formas que palabras de ciencia pueden llegar a un individuo. Aparte de conocer cómo vienen, también debemos conocer qué debemos hacer con ellas. Para eso necesitamos amor y sabiduría.

Es importante recordarse que los dones del Espíritu Santo son para edificar a otros, no para destruir a otros. Si recibe una palabra de ciencia del pecado o problema de una persona, no lo comparta con nadie más. Si Dios se lo está revelando a usted es porque Él quiere que usted ore por esa persona y exprese Su amor hacia ellos, cualquiera que sea su situación.

También, no use palabras de ciencia para condenar a alguien si es algo negativo. Dios nos probará para ver cómo usaríamos la información que Él nos da. Si no somos confiables con poco, Él no nos dará más. Mientras más use

---

[29] Clark, Location 427-437 of 802 (Kindle e-book).

los dones con amor y sabiduría, más Él permitirá que experimentes.

Cómo usar una palabra de ciencia

Si lo usa correctamente, las palabras de ciencia será una herramienta poderosa para traer los perdidos a Cristo, como se puede ver en el ministerio de Jesús. Hasta que adquiera más confianza y discernimiento en saber cuándo Dios le está hablando, mi sugerencia es que opere en humildad. Si le está ministrando a un individuo o grupo y usted siente, lee, ve, piensa, dice o sueña una palabra de ciencia, usted no tiene que decir, "Dios me dijo" o "Así dice el Señor." Sólo tiene que preguntar, "¿hay alguien aquí experimentando esto?" o "¿estás pasando por esto o aquello?"

Sea abierto a su respuesta. Le ayudará a agudizar su don. Si alguien confirma que lo que dijo era cierto, regocíjase y ministre en amor. Si alguien niega que lo que dijo fue cierto, pídele disculpa y agradécele a la persona su honestidad y déjale saber a la persona que todavía usted está aprendiendo y creciendo en su habilidad de escuchar a Dios. No se desanime si se equivoca algunas veces. Mejorará después de cada intento.

También, no se sorprenda si alguien niega lo que usted dijo pero usted todavía sigue sintiendo una fuerte impresión de que dijo algo verdadero. Yo he tenido momentos en que le he dicho algo a alguien, pero esas personas me han dicho que estaba equivocado. Después de algunos minutos, horas, o días esas personas regresan confesando que fue cierto lo que dije pero estaban avergonzada de confesarlo o se lo estaban negando a sí misma.

Mientras mejore su habilidad de recibir de Dios, más personas van a ser impactadas y atraídas a Cristo. Dios le quiere usar, entonces sea "fuerte y valiente" (Josué 1:9).

El Discernimiento de Espíritus y el Evangelismo

⁸ Porque a éste es dada por el Espíritu... discernimiento de espíritus (1 Corintios 12:8, 10)

Estrechamente relacionado con el don de la palabra de ciencia es el don del discernimiento de espíritus. Aunque estos dos dones son similares y pueden trabajar juntos, hay algunas diferencias. Sin embargo, el don de discernimiento de espíritus es un don muy valioso al ministrar a los perdidos, especialmente en el área de la liberación.

¿Qué es el Don de Discernimiento de Espíritus?

En primer lugar, es importante darse cuenta de que este don no es el don del "discernimiento" sino "discernimiento de espíritus". La palabra "discernimiento" en griego es "diakrisis."[30] Tiene que ver con el acto de juzgar, de llegar a una conclusión y ser capaz de distinguir entre dos cosas que parecen ser similares. En las Escrituras, el discernir es algo que cada persona es capaz de hacer. Somos llamados como cristianos a discernir entre el bien y el mal, lo verdadero y lo falso. Desarrollamos esta capacidad usando la palabra de Dios para adquirir sabiduría y entendimiento. Este discernimiento tiene que ver con la moralidad o lo que se manifiesta en lo natural.

---

[30] Strong's #1253

Pero el don de discernimiento de espíritus tiene que ver con el mundo sobrenatural o espiritual. Cuando añadimos las palabras "de espíritus" al *diakrisis* se convierte en el discernimiento de espíritus. Este don tiene que ver con ser capaz de juzgar, llegar a la conclusión de, o distinguir entre las personas espirituales, ya sea del reino de Satanás o el reino de Dios. Para ser más específico, este don es la capacidad de conocer el nombre o la naturaleza del espíritu(s) que trabaja en una persona o ambiente a través de uno o más de nuestros sentidos espirituales. Y porque es un "don", esta no es una habilidad natural que podemos desarrollar naturalmente, sino una gracia sobrenatural que nos ha sido dada por el Espíritu Santo.

El don de discernimiento de espíritus en la Biblia

No debemos ir por ahí culpando al diablo por todo. Hay muchas explicaciones naturales y físicas para las cosas que experimentamos. Pero en la Biblia podemos ver que muchas veces las causas de ciertas enfermedades o debilidades eran espíritus malignos. Este don nos ayuda a determinar cuando este puede ser el caso.

A través del don de discernimiento de espíritus Jesús fue capaz de darse cuenta cuando el diablo estaba detrás de un problema en particular. Por ejemplo, en Lucas 13, Jesús sanó a una mujer que sufrió durante 18 años por una columna muy curvada y dijo "Y a esta hija de Abraham, que Satanás había atado dieciocho años, ¿no se le debía desatar de esta ligadura en el día de reposo?" (V16). En otras palabras, Jesús reconoció que Satanás era responsable de la enfermedad de esta mujer y no alguna causa natural.

Fue a través de este mismo don que Pablo pudo determinar la fuente y el nombre del espíritu que estaba trabajando en una joven que estaba profetizando con precisión, "Esta, siguiendo a Pablo y a nosotros, daba voces, diciendo: Estos hombres son siervos del Dios Altísimo, quienes os anuncian el camino de salvación. [18] Y esto lo hacía por muchos días; mas desagradando a Pablo, éste se volvió y dijo al espíritu: Te mando en el nombre de Jesucristo, que salgas de ella. Y salió en aquella misma hora." (Hechos 16:17-18).

Esta joven tenía un espíritu de adivinación. Ella hizo una predicción verdadera sobre Pablo a través del poder de un demonio. En lo natural, esta joven hubiera sido vista como una sierva de Dios. Posiblemente se le hubiera dado una parte en una de nuestras iglesias. Pero Pablo fue capaz de discernir, no sólo la fuente, sino también el nombre de quien estaba profetizando a través de ella. Esto no era el Espíritu de Dios, éste era el espíritu de "Pitón"[31] (16:16).

El don de discernimiento de espíritus y el evangelismo

Este don puede ser muy valioso cuando estamos ministrando o evangelizando a los perdidos. Este don es especialmente útil cuando se ministra sanidad o liberación. Hay veces en que podemos orar para que alguien sea sanado y nada suceda. A veces la razón es que hay un espíritu detrás de la enfermedad. Podemos orar hasta que nuestra cara cambie de color, pero no sucederá nada hasta que ese espíritu sea expulsado de la persona. Una vez que el espíritu está fuera del cuerpo, la persona será sanada automáticamente o con menos esfuerzo.

---

[31] Strong's #4436

Puede haber ocasiones en que debe expulsar a un demonio de una persona, no por alguna enfermedad, sino por alguna otra forma de tormento, aflicción, opresión, esclavitud o maldición. A través del don de discernimiento de espíritus, Dios le puede mostrar qué espíritu está trabajando en la persona y así libertar a la persona de manera más efectiva. Muchas veces Dios le dará una palabra de ciencia para mostrarle cómo y cuándo ese espíritu entró en la vida de la persona. Si este es el caso, puede animar a la persona que se confiese, se arrepienta, renuncie y cierre todas las puertas que le dio al enemigo acceso a sus vidas.

La sanidad y la liberación no son las únicas áreas donde este don puede ser útil para alcanzar a los perdidos. Puede desempeñar un papel clave en nuestras oraciones e intercesión. Hay lugares donde se debe lidiar con ciertas fortalezas y principados demoníacos antes de que podamos ver el fruto de nuestros esfuerzos evangelísticos. Conocer con quién o con qué estamos luchando nos permitirá ser más asertivos y pelear, "no como quien golpea el aire" (1 Corintios 9:26).

¿Cómo funciona este don?

Como mencioné antes, este don es la habilidad de conocer el nombre o la naturaleza del espíritu(s) que trabaja en una persona o ambiente a través de uno o más de nuestros sentidos espirituales. De la misma manera que nuestro cuerpo físico tiene sentidos que le permite interactuar con el mundo físico (vista, oído, tacto, gusto, olfato), nuestros espíritus también tienen sentidos.

Por ejemplo, Pablo ora para que Dios abra los ojos del corazón en Efesios 1:18. Obviamente no está hablando del músculo cardiovascular que bombea la sangre en nuestro cuerpo. Se refiere a los ojos del hombre interior.

Cuando Eliseo fue rodeado por un ejército de sirios en 2 Reyes 6, su siervo tuvo miedo. Eliseo le dijo a su siervo, "No tengas miedo, porque más son los que están con nosotros que los que están con ellos. [17] Y oró Eliseo, y dijo: Te ruego, oh Jehová, que abras sus ojos para que vea. Entonces Jehová abrió los ojos del criado, y miró; y he aquí que el monte estaba lleno de gente de a caballo, y de carros de fuego alrededor de Eliseo" (v16-17).

La Biblia también habla de nuestros otros sentidos espirituales. A través de nuestros oídos espirituales somos capaces de oír la voz de Jesús o del Espíritu (Juan 10:27; Romanos 8:16). También podemos saborear espiritualmente (Salmo 19:10; 1 Pedro 2:2; Hebreos 5:14) y oler (2 Corintios 2:15). Nuestros espíritus también tienen una mente (1 Corintios 2:11) y una voluntad (Mateo 26:41).

Así que el don de discernimiento de espíritus trabaja junto con nuestros sentidos espirituales para determinar quién o qué está operando en una persona o ambiente. Algunas personas con este don informan que cuando hay una presencia demoníaca pueden oler el azufre ardiente. Pero cuando hay ángeles huelen flores o algo dulce. Otros pueden ver literalmente en el mundo espiritual y saben lo que está sucediendo. Otros reciben un cierto sabor en su boca. Sin embargo, otros pueden sentir opresión cuando es algo demoníaco o la paz, la alegría o el amor de Dios cuando es algo celestial.

Este don es muy poderoso cuando uno ministra sanidad o liberación o simplemente ora por los perdidos. Ore para que Dios abra sus sentidos espirituales y le permita operar en el don de discernimiento de espíritus.

La Profecía y el Evangelismo

"⁸ Porque a éste es dada por el Espíritu palabra de sabiduría; a otro... ¹⁰ profecía" (1 Cor. 12:8, 10)

Los dones del Espíritu normalmente están clasificados en tres categorías: dones de revelación, dones de poder, y dones vocales. Los dones de la palabra de sabiduría, palabra de ciencia y el discernimiento de espíritus son considerados dones de revelación porque involucran a Dios revelando información o cosas que no pudieran ser conocidas por ningún medio natural. Los dones de fe, sanidad, y milagros son considerados dones de poder porque demuestran el poder sobrenatural de Dios sobre la dimensión natural y física.

El don de profecía es considerado un don vocal juntamente con los dones de lenguas e interpretación de lenguas pues requieren que alguien esté hablando algo que ha sido dado o revelado por el Espíritu Santo. De todos los dones, el don de profecía es uno de los que Pablo sugiere que debemos desear especialmente (1 Corintios 14:1, 39) porque edifica la iglesia (14:4), es mejor que el hablar en lenguas (14:5), y es algo que todos podemos hacer (14:31).

¿Qué es el don de profecía?

En un sentido bien específico yo definiría el don de profecía como la habilidad divina de predecir el futuro a través de la revelación y motivación del Espíritu Santo. En otras palabras, este don requiere que el Espíritu Santo revele y motive a una persona a que hable lo que ha de venir.

Por ejemplo, el profeta Agabo profetizó (predijo) que vendría una hambruna al Imperio Romano (Hechos 11:27-29) e incluso que Pablo sería perseguido en Jerusalén (Hechos 21:10-11). Ambas predicciones se cumplieron.

Pero, en un sentido general la profecía también incluye la revelación del corazón del Padre. Envuelve el proclamar y declarar el anhelo o deseo de Dios para una persona, grupo, nación o situación.

En su forma más básica la profecía es escuchar lo que Dios está diciendo y pasándolo más adelante. Cuando una revelación es dada a una persona por el Espíritu Santo y después dicha persona es motivada por Él a compartir ese mensaje, esa persona está profetizando.

Ahora, déjame ser claro con algo. La predicación de la palabra no es profecía, sin embargo, la profecía puede aparecer en el sermón. Un sermón es creado a través de interpretar, meditar y analizar textos, y con organizar puntos e ilustraciones. Este proceso, por supuesto, es espiritual y se debe hacer bajo la guianza y el poder del Espíritu. Pero el predicar no es lo mismo que el profetizar.

No obstante, sí es posible predicar un sermón profético, cantar una canción profética, escribir un poema profético o pintar una imagen profética.[32] Pero un sermón, canción, poema o imagen profética requieren que una persona reciba (no por discernimiento o interpretación natural) un mensaje sobrenaturalmente de parte del Espíritu Santo y después, siendo motivado por Él, lo comparta.

---

[32] Sólo mire todas las porciones proféticas de la escritura que están llenas de poesía, canciones, parábolas e ilustraciones en la misma vida de los profetas.

La diferencia entre un Profeta, la profecía, y el profetizar

Ahora, permítanme definir o explicar los siguientes términos:

Profeta – Según Efesios 4:11, un Profeta del Nuevo Testamento es una persona que está cumpliendo con uno de los 5 ministerios que Cristo le dio a la iglesia como un don.[33]

Profecía – Es un mensaje que es revelado y dado por el Espíritu Santo.

Profetizar – Es la acción de hablar o proclamar el mensaje que fue dado y revelado por el Espíritu Santo.

La razón por la cual es importante conocer la diferencia entre estos términos es porque hay muchos que creen que sólo los profetas pueden recibir profecía y profetizar, pero esto no es cierto. No todos son llamados a ser profetas pero cada creyente sí puede recibir profecía y profetizar. Por ejemplo, Hechos 21:9 dice que Felipe el Evangelista tenía cuatro hijas que "profetizaban," no que eran "profetas."

De la misma manera en que alguien puede enseñar aún sin ser un maestro y evangelizar sin ser un evangelista, esa persona puede profetizar sin tener que ser un profeta. Cada creyente tiene el potencial de profetizar porque cada creyente tiene el Espíritu Santo y tiene la habilidad de escuchar a Dios.

---

[33] Si estás interesado en aprender más acerca de la función y el papel de un profeta por favor lea *Basic Training for Prophetic Ministry* (Entrenamiento Básico para el Ministerio Profético) por Kris Vallotton.

Por otra parte, la habilidad de escuchar a Dios no anula la necesidad del don de profecía. Algunos dicen, "si podemos escuchar a Dios por nosotros mismos entonces ¿por qué necesitamos profetas o personas que profetizan?" Bueno, la Biblia dice que no tenemos necesidad que nadie nos enseñe porque tenemos una unción que nos enseña todas las cosas (1 Juan 2:27), pero aún existe el ministerio de maestro y el don de enseñar. El don de la profecía existe por el propósito de confirmar y dar más certeza a las cosas que Dios ya ha hablado. El don de la profecía existe con el propósito de ayudar a los demás que están creciendo en su habilidad de escuchar a Dios. Y el don de profecía existe con el propósito de servir, amar, animar, exhortar y consolar a los demás.[34]

La Profecía y el Evangelismo

Tal vez algunos están pensando, "¿qué tiene que ver el don de profecía con el evangelismo? ¿No es este don para la iglesia?" La respuesta a eso es, "no." Pablo dice, "[24] Pero si todos profetizan, y entra algún incrédulo o indocto, por todos es convencido, por todos es juzgado; [25] lo oculto de su corazón se hace manifiesto; y así, postrándose sobre el rostro, adorará a Dios, declarando que verdaderamente Dios está entre vosotros" (1 Corintios 14:24-25). Aunque

---

[34] Hay otros que creen que si tenemos la completa palabra de Dios, cual es para toda persona en todo tiempo, entonces no hay necesidad del don de profecía. Los problemas con esta línea de argumentación son los siguientes: (1) Estos dones fueron dados por Dios y seguirán siendo necesitados en el cuerpo de Cristo hasta que Cristo retorne (1 Cor. 13:9-10). (2) Aunque yo sí creo que la Biblia es inspirada y autoritaria, no me dice la voluntad específica de Dios para cada área o situación en mi vida. Sí me da principios generales pero no siempre es específica. Por ejemplo, no me dice si yo debo mudarme con mi familia a África hoy, o si debo tomar este trabajo sobre otro trabajo.

en este contexto el incrédulo está entrando a un lugar donde está congregado el pueblo de Dios, el punto que estoy tratando de hacer con este pasaje es que aún los incrédulos pueden ser tocados e impactados para Cristo a través del don de profecía.[35]

Si estás evangelizando en la calle, o trabajando o en tu casa y le profetizas a un incrédulo, esa persona puede "¡postrarse sobre su rostro y adorar a Dios!" Sólo imagínese el impacto de que alguien llegue adonde usted, y a través del Espíritu de Dios, se "manifiestan" lo secretos de su corazón y usted le da instrucciones piadosas y predice lo que Dios quiere y va a hacer en su vida. Si esas predicciones se cumplen, ni usted ni un incrédulo jamás olvidara o tendrá duda de que existe un Dios.

¿Cómo puedo yo profetizar?

En realidad, la habilidad de profetizar depende de su habilidad de escuchar a Dios y discernir lo que Él le está diciendo para otra persona. Acuérdese, si ha nacido de nuevo y el Espíritu Santo vive en usted, entonces puede escuchar a Dios. Si ha sido bautizado en el Espíritu Santo entonces el don de profecía está en usted a través de Él. Lo único que tiene que hacer es acceder a Él por la fe. Puede obtener acceso a esto con creer que si usted le pide a Él que le dé un mensaje para otra persona Él no le va a engañar, mentir o dar alguna mala información o algo diabólico. Si pides, recibirás (Lucas 11:9-10). Si pides por pan, Él no te dará una piedra (Lucas 11:11-13).

---

[35] Un interesante libro pequeño sobre este tema es *Prophetic Evangelism Made Simple* (Evangelismo Profético Hecho Simple) por Matthew Robert Payne.

Entonces usted le puede pedir al Espíritu Santo que le dé un mensaje para otra persona. Luego, confía que lo que se revela en su espíritu y aparece en su mente, ya sea por palabras, impresiones, pensamientos o imágenes espontáneas, en verdad viene de Él. Recuérdese, por su puesto, que primero debe probar la palabra antes de darla. Pásala a través de un filtro: ¿Este mensaje contradice la palabra o la voluntad de Dios para esta vida? ¿Será edificante?

Dios le puede dar ciertas pistas cuando Él quiera usarle para dar una palabra profética. Tal vez sienta una unción venir sobre usted para hablar; o tal vez se sienta atraído a una persona o grupo. Tal vez recibas un mensaje de antemano, o tal vez vea una luz o algo que cause que la persona sobresalga. Algunas veces quizás sientas un una sensación fuerte de compasión hacia una persona a la que Dios le quiere hablar.

Usualmente una palabra profética puede incluir palabras de sabiduría[36] y/o palabras de ciencia. La profecía se puede comparar a una madre tomando de la mano un par de hijos gemelos. Por ejemplo, en el libro de Apocalipsis Juan recibe 7 mensajes para 7 Iglesias diferentes.

A la iglesia de Esmirna Jesús le dice, "Yo conozco tus obras, y tu tribulación, y tu pobreza (pero tú eres rico), y la blasfemia de los que se dicen ser judíos, y no lo son, sino sinagoga de Satanás." (2:9). Esta parte del mensaje profético es una palabra de ciencia. Era algo que actualmente era cierto de esa iglesia y su situación.

---

[36] Una palabra de sabiduría es un mensaje de dirección o instrucción de parte del Espíritu Santo para una persona o situación en particular. Es una revelación de cómo hacer algo o que se debe hacer.

Él luego continúa y dice, "No temas en nada lo que vas a padecer. He aquí, el diablo echará a algunos de vosotros en la cárcel, para que seáis probados, y tendréis tribulación por diez días" (2:10). Esta porción es puramente profética en el sentido que hay una predicción de algo que le iba suceder en el futuro.

Y el mensaje concluye con una palabra de sabiduría, "Se fiel hasta la muerte, y yo te daré la corona de la vida." (2:10c). Fue un mensaje de instrucción, un mensaje de que ellos tenían que hacer en su situación.

La práctica hace al maestro

La precisión de nuestras palabras proféticas es importante y no debemos inventar palabras para personas. Pero no debemos permitir que el temor de hacer un error nos detenga de tratar de operar en este don. Bajo el viejo pacto una persona era considerada un falso profeta si algo que dijo no era cierto (Deuteronomio 18). Pero bajo el nuevo pacto los creyentes llenos del Espíritu tal vez se equivoquen sin tener que ser considerados falsos profetas.

Agabo era considerado un verdadero Profeta por la iglesia primitiva, pero él se equivocó con algunos detalles cuando le profetizó a Pablo. Kris Vallotton explica,

"Él se equivocó con algunos detalles cuando él profetizó que los judíos en Jerusalén iban a atar a Pablo y luego entregarlo en manos de los Gentiles." (Hechos 21:10-11)… Lo que en verdad sucedió fue que los Gentiles rescataron a Pablo de las manos de los judíos. Después en el libro de los Hechos, el comandante entregó a Pablo en manos de los judíos. Esto

es lo opuesto de lo que profetizó Agabo."
(Hechos 21:32-33)… Es obvio que Agabo estaba correcto acerca de la intención de lo que Dios estaba diciendo, pero se equivocó con algunos detalles."[37]

Esto solamente es para ilustrar que no debemos considerar a alguien un falso *profeta* sólo porque lo que dijo no fue completamente o parcialmente verdadero.[38] Debemos considerar su *profecía* incorrecta. Pablo dice, "[20] No menospreciéis las profecías. [21] Examinadlo todo; retened lo bueno." (1 Tesalonicenses 5:20-21).

Esto puede pasar porque bajo el nuevo pacto usualmente no recibimos palabras proféticas a través de una voz audible o una visión abierta. Nosotros percibimos o discernimos la voz interna de Dios. Por eso es que mientras mejoramos en escuchar a Dios, más precisos vamos a ser cuando demos nuestras palabras proféticas. Mientras más practiquemos el dar mensajes proféticos, mejor seremos en discernir lo que está viniendo de Dios. Mientras más nos profundicemos en la palabra de Dios, pasemos tiempo en oración, y alimentemos nuestros espíritus, más fácil será mantenernos sensibles al Espíritu de Dios.

---

[37] *Basic Training for the Prophetic Ministry* (Entrenamiento Básico para el Ministerio Profético), p67.

[38] Según el Nuevo Testamento, un falso profeta es un falso hermano (Matthew 7:15-23). Es un incrédulo, una persona que está engañado o está engañando. Entonces cuando llamas a alguien que en verdad es un creyente, y está lleno del Espíritu Santo; que en verdad está tratando de animar a alguien a través de una palabra profética, usted entonces está hablando condenación sobre una persona y juzgándola falsamente. Si la persona es un hermano sincero que está mal, debes corregirlo en amor para que pueda mejorar su habilidad de escuchar a Dios y hablar por Él.

Practique con amigos. Practique con creyentes maduros que le puedan ayudar en mejorar, creyentes que le corregirán y le animarán con amor si dice algo que no es cierto. Pero practique, practique, practique. Mejorarás. Crecerás en este don. Impactarás almas y ganarás pecadores para Cristo. Yo sé que lo puede hacer porque Cristo está en usted, y el Espíritu Santo lo ayudará.

Si queremos pescar hombres, debemos usar cada herramienta, estrategia y arma dada por Dios. Y el don de profecía es una de esas herramientas bien efectivas.

Los Milagros y el Evangelismo

"...A otro, el hacer milagros" (1 Corintios 12:10)

Necesitamos que lo sobrenatural sea parte de nuestro trabajo para Dios. La Biblia dice, "Porque el reino de Dios no consiste en palabras, sino en poder" (1 Corintios 4:20). Si esta oración es cierta entonces, ¿por qué hay mucho más énfasis sobre nuestras palabras que nuestro poder cuando nos están enseñando cómo evangelizar? No me malentiendas, debemos conocer qué decir y cómo decirlo, "Porque no me avergüenzo del evangelio, porque es poder de Dios para salvación a todo aquel que cree" (Romanos 1:16). Pero no debemos estar enseñando palabras a la exclusión del poder.

Estaba bien claro en la mente de Pablo que la razón por su eficacia en su ministerio era el poder de Dios. No se trataba de cuánto conocimiento él tenía (aunque el conocimiento es importante). No se trataba de cuán persuasivo y elocuente él era (aunque debemos desear ser persuasivos). Adrian Rogers decía, "Lo que alguien me puede persuadir con un argumento, otro me puede disuadir de eso con un argumento." Pablo entendía que los lindos sermones, debates y apologética no eran suficientes, en verdad, para atraer las personas al reino. Cuando le hablaba a la iglesia de Corinto le dijo,

> Así que, hermanos, cuando fui a vosotros para anunciaros el testimonio de Dios, no fui con excelencia de palabras o de sabiduría. ²Pues me propuse no saber entre vosotros

cosa alguna sino a Jesucristo, y a éste crucificado. ³ Y estuve entre vosotros con debilidad,
y mucho temor y temblor; ⁴ y ni mi palabra ni
mi predicación fue con palabras persuasivas
de humana sabiduría, sino con demostración
del Espíritu y de poder, ⁵ para que vuestra fe
no esté fundada en la sabiduría de los hombres, sino en el poder de Dios. (1 Corintios
2:1-5)

¿Puede ver por qué necesitamos el poder sobrenatural de Dios? ¿Puede ver por qué necesitamos la demostración del Espíritu? Es para que la fe del hombre no esté fundada sobre nuestra sabiduría, sino ¡en el poder de Dios!
Adrian Rogers también decía, "Un hombre con una experiencia nunca está a la merced de un hombre con un argumento." Debemos predicar a Cristo y El crucificado. Después debemos demostrar a Cristo y El ¡resucitado!

Por lo tanto, ¿cómo podemos "demostrar" a Cristo?
Con hacer las mismas obras milagrosas que él hacía, ¡y aún
mayores! (Juan 14:12).³⁹ Esto es hecho a través de la unción

---

³⁹ Hay muchos que argumentarán que "las obras a las cuales Jesús hizo referencia en este verso no eran los Milagros. Porque ¿Quién pudiera hacer
obras más grandes que sanar al enfermo, levantar a los muertos, y caminar
sobre la aguas?" Ellos argumentan que las "cosas mayores" en este verso se
refieren al número de almas que íbamos a alcanzar. Ellos creen que esto
tiene que ver con la "cantidad" y no la "calidad." El problema con este argumento es que ignora el contexto. Jesús reta a sus discípulos con decirles,
"¿No crees que yo soy en el Padre, y el Padre en mí? Las palabras que yo os
hablo, no las hablo por mi propia cuenta, sino que el Padre que mora en mí,
él hace las obras. ¹¹ Creedme que yo soy en el Padre, y el Padre en mí; de
otra manera, creedme por las mismas obras" (Juan 14:10-11). Claramente,
las obras a las cuales se refería eran sus ¡obras sobrenaturales! Algunos

del Espíritu Santo y la manifestación de los dones espiri-tuales. Uno de esos dones poderosos es el hacer milagros.

¿Qué es un milagro?

La palabra "milagro" en verdad es la forma plural de la palabra griega "dunamis."[40] Un milagro es algo que es hecho por un poder o habilidad creativa. Un milagro es algo que se hace u ocurre cuando las leyes naturales de este mundo son suspendidas, manipuladas, o quebrantadas so-brenaturalmente.[41] Por ejemplo, cuando Jesús camino sobre las aguas (Mateo 14:22-36; Marcos 6:45-46; Juan 6:16-24) Él hizo algo que era imposible hacer naturalmente. La ley de la gravedad demanda que se hubiera hundido, o a lo me-jor flotar, pero no ¡caminar sobre ella!

Otra obra milagrosa fue cuando Jesús le dio de co-mer a la multitud de cinco mil hombres (no incluyendo a las mujeres y los niños) con cinco panes y dos peces (Mateo 14:13-21; Marcos 6:30-44; Lucas 9:10-17; Juan 6:1-15). El pan y los peces se multiplicaron cuando se les entregaba a cada persona. Y al final todos los discípulos pudieron reco-ger 12 canastas llenas de ¡comida que sobró!

---

ejemplos de esas "obras mayores" que sus discípulos pudieron cumplir eran el sanar con sus sombras (Hechos 5:15-16), el ser transportados por el Espí-ritu (Hechos 8:39), y el causar liberaciones y sanidades con paños (Hechos 19:11-12).

[40] Strong's #1411

[41] Esta definición es importante porque hay muchos que dicen que los mila-gros no suceden hoy o suceden pocas veces porque si fueran comunes no serían milagros. Esto completamente cae corto al punto. No es un milagro porque es poco común. Es un milagro porque ¡no es natural! Jesús y los dis-cípulos hicieron muchos milagros. Esto ¿no anula ese argumento?

En ambos ejemplos las leyes naturales de este mundo fueron suspendidas, manipuladas, o quebrantadas sobrenaturalmente.[42] Cuando algo como esto sucede eso se llama un milagro.

El propósito de los milagros

Los milagros son importantes por muchas razones. Primero y ante todo, similar a la sanidad, los milagros demuestran la compasión de un Dios amoroso. En Mateo 14, antes de que Jesús sanara a los enfermos y les diera de comer a las multitudes que se reunieron, el verso 14 dice, "Y saliendo Jesús, vio una gran multitud, y tuvo compasión de ellos…" Cada hecho bondadoso de Dios está arraigado en Su naturaleza de bondad y amor. Su bondad nos trae al arrepentimiento (Romanos 2:4).

El segundo propósito de los milagros en la escritura es para confirmar ambos la identidad de Jesús y Su relación con el Padre. "Creedme que yo soy en el Padre, y el Padre en mí; de otra manera, creedme por las mismas obras" (Juan 14:11).

El tercer propósito de los milagros es para confirmar ambos el ministerio de los creyentes y mensaje del evangelio. "Y ellos, saliendo, predicaron en todas partes, ayudándoles el Señor y confirmando la palabra con las señales que

---

[42] Un milagro es diferente a una sanidad. En una sanidad la salud de una persona es restaurada o renovada gradualmente o de inmediato. Los milagros pueden ser conectados al cuerpo humano, por ejemplo alguien que es levantado de los muertos o un nuevo brazo que es creado. Pero los milagros no siempre tienen que estar conectado al cuerpo humano.

la seguían" (Marcos 16:20; vea también Hechos 14:3; Hebreos 2:4; 2 Corintios 12:12).

El cuarto propósito de los milagros es para atraerle alabanza y gloria a Dios.[43] "Y luego vio, y le seguía, glorificando a Dios; y todo el pueblo, cuando vio aquello, dio alabanza a Dios" (Lucas 18:43). "Cuando llegaban ya cerca de la bajada del monte de los Olivos, toda la multitud de los discípulos, gozándose, comenzó a alabar a Dios a grandes voces por todas las maravillas que habían visto" (Lucas 19:37; vea también Hechos 3:8-11; 4:21-22).

El quinto propósito de los milagros es para aumentar la fe de aquellos que escuchan el mensaje del evangelio para salvación (1 Corintios 2:4-5).

> Y la gente, unánime, escuchaba atentamente las cosas que decía Felipe, oyendo y viendo las señales que hacía. [7] Porque de muchos que tenían espíritus inmundos, salían éstos dando grandes voces; y muchos paralíticos y cojos eran sanados; [8] así que había gran gozo en aquella ciudad. [12] Pero cuando creyeron a Felipe, que anunciaba el evangelio del reino de Dios y el nombre de Jesucristo, se bautizaban hombres y mujeres. [13] También creyó Simón mismo, y habiéndose bautizado, estaba siempre con Felipe; y viendo las señales y grandes milagros que se hacían, estaba atónito. (Hechos 8:6-8, 12-13)

---

[43] No debemos buscar querer hacer milagros para obtener fama, popularidad, influencia, o dinero. Todo lo que hacemos, sea en palabra o con hechos, debe ser para glorificar a Dios (Colosenses 3:17).

Y por último, otro propósito de los milagros es la edificación de los creyentes, como se puede ver en el contexto de 1 Corintios 12 hasta el 14.

Cómo operar en milagros

Yo creo que no hay ningún secreto clave para ver un milagro suceder. Es mi opinión que la fe cómo un niño es la primera clave importante para comenzar a ver milagros. Con razón que el don de la fe y los milagros están en la misma categoría de dones de poder.

Pero otra clave importante para ver milagros es la obediencia. Yo recuerdo que Randy Clark mencionó la conexión entre los milagros y la obediencia en el evangelio de Juan. Hay 7 milagros registrado en este libro, y en casi cada instancia la obediencia a las instrucciones de Jesús eran necesarias. El agua iba a ser convertida en vino por Jesús pero primero los sirvientes tenían que llenar las tinajas de agua y luego servirla. Los panes y los peces iban a ser multiplicados pero primero la multitud tuvo que ser organizada en grupos de 50 y 100 y los discípulos tenían que servirles en fe. Pedro iba a caminar sobre las aguas pero primero él tuvo que salir de la barca en obediencia a las instrucciones de Jesús cuando dijo "ven." Lázaro iba a ser levantado de entre los muertos pero Marta tenía que tener fe y el pueblo tuvo que remover la piedra que cubría la tumba.

Es interesante que Jesús frecuentemente decía, "De cierto, de cierto os digo: No puede el Hijo hacer nada por sí mismo, sino lo que ve hacer al Padre; porque todo lo que el Padre hace, también lo hace el Hijo igualmente" (Juan 5:19; vea también 5:30; 6:38; 8:28). En otras palabras, Jesús se movía en completa obediencia y armonía con la voluntad de Dios. Y si nosotros caminamos en fe y obediencia a la voluntad del Padre también veremos muchos milagros suceder a través de nuestras manos.

Y por último, yo creo que intimidad con Cristo es la última clave. Una vida rendida a la presencia de Cristo producirá el fruto de los milagros. Jesús dijo en Juan 15:5 "Yo soy la vid, vosotros los pámpanos; el que permanece en mí, y yo en él, éste lleva mucho fruto; porque separados de mí nada podéis hacer." En este contexto "permanece" se está refiriendo al esperar, al mantenerse conectado, y al perseverar. Entonces si Cristo permanece en usted y usted en Él, se producirá Su fruto. El fruto de Juan 15 no solo es el fruto de Su carácter, como el que se ve en el fruto del Espíritu.[44] Es el fruto de Su vida, la vida completa de Cristo. Este fruto incluye Sus obras milagrosas. La vida (El Espíritu) cual está en la vid (Cristo) pasa y nutre las ramas (usted) y causará que las ramas produzcan fruto consistente a su fuente. A través de una vida rendida en intimidad con Cristo usted producirá Su carácter y Su poder. Aprende a permanecer y el fruto será un resultado natural sin esfuerzo.

Los milagros tienen la habilidad de hacer girar cabezas y abrir oídos para que escuchen el mensaje del evangelio. Es una más de las muchas herramientas que Dios nos ha dado para alcanzar a los perdidos. Crea y obedezca y nada será imposible para usted (Mateo 17:20).

---

[44] Gálatas 5:22-23

Las Lenguas y el Evangelismo

"orando en todo tiempo con toda oración y súplica en el Espíritu…" (Efesios 6:18)

Tal vez pudiera pensar, "¿Qué papel puede tomar el hablar en lenguas cuando se evangeliza al perdido con poder?" Este puede ser el don del Espíritu que ha causado más controversia que cualquier otro. Pero cuando es entendido y usado apropiadamente, yo creo que veremos que este don es a la misma vez versátil y eficaz en ganando a los perdidos para Cristo.

¿Qué es el don de lenguas?

Sencillamente, el don de lenguas es la gracia de hablar en lenguajes desconocidos – celestiales o terrenales. Si es un lenguaje que se aprendió a través de medios naturales entonces eso no es el don de lenguas. Debe ser un lenguaje dado por el Espíritu de Dios a un Cristiano.

Ahora, hay tres diferentes tipos o manifestaciones de este don: lenguas de proclamación, lenguas proféticas, y lenguas de oración. Estas manifestaciones o tipos de lenguas son para el uso privado o público. Cuando estas distinciones no son entendidas es cuando ocurren conflictos en su aplicación.

Lenguas de proclamación

Lenguas de proclamación son lenguas terrenales. Estos son lenguajes que se hablan y son conocidos aquí en la tierra –Inglés, Español, Francés, Alemán, Chino, Coreano, etc. Cuando este tipo de lenguas se habla la persona está hablando un lenguaje que se puede entender por otros que hablan el mismo lenguaje.

Esta es la forma de lenguas que se manifestaron en el día de Pentecostés.

Cuando llegó el día de Pentecostés, estaban todos unánimes juntos. [2] Y de repente vino del cielo un estruendo como de un viento recio que soplaba, el cual llenó toda la casa donde estaban sentados; [3] y se les aparecieron lenguas repartidas, como de fuego, asentándose sobre cada uno de ellos. [4] Y fueron todos llenos del Espíritu Santo, y comenzaron a hablar en otras lenguas, según el Espíritu les daba que hablasen. [5] Moraban entonces en Jerusalén judíos, varones piadosos, de todas las naciones bajo el cielo. [6] Y hecho este estruendo, se juntó la multitud; y estaban confusos, porque cada uno les oía hablar en su propia lengua. [7] Y estaban atónitos y maravillados, diciendo: Mirad, ¿no son galileos todos estos que hablan? [8] ¿Cómo, pues, les oímos nosotros hablar cada uno en nuestra lengua en la que hemos nacido? [9] Partos, medos, elamitas, y los que habitamos en Mesopotamia, en Judea, en Capadocia, en el Ponto y en Asia, [10] en Frigia y Panfilia, en Egipto y en las regiones de África más allá de Cirene, y romanos aquí residentes, tanto judíos como prosélitos, [11] cretenses y árabes, les oímos hablar en nuestras lenguas las maravillas de Dios. [12] Y estaban todos atónitos y perplejos, diciéndose unos a otros: ¿Qué quiere decir esto? [13] Mas otros, burlándose, decían: Están llenos de mosto. (Hechos 2:1-13)

Estas lenguas sirven como una señal a los incrédulos que hay un Dios sobrenatural. Pablo dice, "Así que, las lenguas son por señal, no a los creyentes, sino a los incrédulos" (1 Corintios 14:22a). La razón que yo la llamo "lenguas de proclamación" es porque cuando estas lenguas son habladas, una proclamación del evangelio o de alabanza sucede como se puede ver en el ejemplo de arriba. Dice el verso 11 "les oímos hablar en nuestras lenguas las maravillas de Dios."

Por lo tanto, si usted comienza hablar una lengua terrenal, por el Espíritu de Dios, usted está usando el don de lenguas para predicarle a los perdidos. Esta manifestación sirve como una señal para ayudarles a ellos a poner su confianza en Dios.

Lenguas proféticas

Lenguas proféticas son similares a las lenguas de proclamación en el sentido que su propósito también es para el uso público. La diferencia está en cómo operan. Con las lenguas proféticas la persona está hablando, no un lenguaje terrenal desconocido, sino un lenguaje celestial o espiritual desconocido. Dentro de este lenguaje celestial hay un mensaje para una persona o grupo de personas. Esta lengua debe operar en unidad con el don de la interpretación de lenguas para que el mensaje se pueda dar y ser entendido.

Similar al don de profecía, estas lenguas son dadas para ser usadas en público, para edificar a otros. Esto ocurre cuando el mensaje profético es descifrado a través del don de la interpretación de lenguas. Pablo dice, "Así que, quisiera que todos vosotros hablaseis en lenguas, pero más que profetizaseis; porque mayor es el que profetiza que el que habla en lenguas, a no ser que las interprete para que la iglesia reciba edificación" (1 Corintios 14:5). En otras palabras, la gente es edificada con estas lenguas celestiales cuando pueden entender su significado y mensaje.

Entonces estas lenguas son útiles en el evangelismo cuando están conectadas con la interpretación de lenguas. Tal vez esté orando por una persona y comienza a hablar en estas lenguas. Después de interpretarlas, usted puede bendecir a la persona con el mensaje profético que estaba contenido en las lenguas de Dios para ellos.

Lenguas de oración

Estas lenguas son un lenguaje celestial que son dadas al creyente con el propósito de la edificación personal y la comunicación privada con Dios. "Porque el que habla en lenguas no habla a los hombres, sino a Dios…⁴El que habla en lengua extraña, a sí mismo se edifica" (1 Corintios 14:2a, 4a). Con estas lenguas la persona puede hablar con Dios, cantarle a Dios, y alabar a Dios (1 Corintios 14:14-15). Con estas lenguas la persona puede hablar misterios (14:2), interceder (Romanos 8:26-27), o aun pelear batallas espirituales (Efesios 6:18).

Estas lenguas son poderosas para el evangelismo porque a través de ellas usted puede interceder por las almas y hacer guerra espiritual de su parte. Y a la misma vez que usted está orando por ellos en el Espíritu, usted está fortaleciendo su espíritu y causando que su hombre interior sea más sensible al mundo espiritual. Así como hay drogas que le abren puerta a otras drogas, yo creo que el don de lenguas es un don que le abre la puerta a otros dones. Este don le abre puertas a muchos o todos los dones del Espíritu si se practica apropiadamente y frecuentemente.

Por ejemplo, Pable dice que cuando hablamos en lenguas hablamos "misterios por el Espíritu" (1 Corintios 14:2). Esto significa que nosotros hablamos cosas que no se pueden entender por la voluntad o el intelecto humano. Pero, ¿y si pudiéramos entender lo que se está hablando? Entonces recibiríamos revelación y edificación. Por lo tanto, yo creo que cuando nosotros estamos hablando en lenguas, muchas veces Dios está revelando secretos del reino, palabras de ciencia, o profecías del futuro. A través de interpretar estas lenguas, yo, en muchas ocasiones, he recibido revelaciones de Dios. Y a través de esta información yo he recibido ideas creativas para sermones, programas, ministerios o ilustraciones; o he recibido soluciones divinas para problemas, o he sido avisado de peligros, o he recibido palabras de ciencia de cosas sucediendo con otras personas, o un profundo entendimiento de cosas espirituales. Yo amo hablar en lenguas. Yo soy edificado cada vez que lo hago.

Hay tantas cosas que pudiera decir sobre la bendición del don de lenguas, pero me voy a restringir al contexto inmediato del evangelismo de poder.

Aclarando algunos malentendidos

Antes de continuar yo creo que es importante que aclaremos algunos malentendidos. El no entender estos diferentes tipos o manifestaciones de lenguas ha causado mucha controversia. Pero ahora que hemos visto la diferencia entre estos tipos de lenguas podemos establecer algunos principios.

Primero, no debemos prohibir que la gente hable en lenguas (1 Corintios 14:39). Según Pablo, si la gente quiere hablar en lenguas en ambiente público o en una iglesia para su edificación personal, es permisible mientras tanto que ellos hablen para sí mismos y no hagan ningún escándalo o interrumpan el fluir de lo que está sucediendo. "Y si no hay intérprete, calle en la iglesia, y hable para sí mismo y para Dios" (1 Corintios 14:28).

Segundo, "pero hágase todo decentemente y con orden" (1 Corintios 14:40). Para todos mis hermanos Pentecostales y Carismáticos, si ustedes van a hablar en lenguas tan alto que todos les puedan escuchar o que atraigan la atención de todos, entonces ustedes deben asegurarse que haya interpretación. Si ustedes se emocionan mucho y nadie los interpreta, ustedes deben callar sus lenguas y hablar en un volumen que sólo sea discernible entre ustedes y Dios.

Esto también significa, que si hay un incrédulo alrededor, la iglesia debe abstenerse de que todos hablen en lenguas a la misma vez en una manera fuerte. Si vas a ser fuerte, "sea esto por dos, o a lo más tres, y por turno; y uno interprete" (14:27).

Yo he observado que hay una diferencia cuando hay una unción para una lengua profética. Usualmente, la persona hablando comienza suavemente, pero después su tono de voz tal vez comienza a subir gradualmente. Y hay una autoridad que entra cuando este don se manifiesta de esta manera. Por lo tanto, si usted comienza a hablar suavemente, y después un fuego, energía o unción comienza aumentarse en usted, esto puede ser una señal de que Dios quiera dar un mensaje. Pero si usted nota que usted no está recibiendo una interpretación, y que también nadie más lo está recibiendo, usted debe bajar la voz porque "los espíritus de los profetas están sujetos a los profetas" (14:32).

Si estos dos principios que da Pablo son obedecidos, el orden se mantendrá y a la misma vez el pueblo será edificado. Las lenguas son unas herramientas poderosas para alcanzar a los perdidos cuando son entendidas y usadas apropiadamente.

Aquellos que prohíben las lenguas están mal. No confunda el orden eclesiástico o litúrgico con el orden del Espíritu Santo. Él sabe cómo dejar que se encienda un fuego poderoso sin permitir que salga fuera de Su control. A la misma vez aquellos que permiten el caos en nombre de la "libertad del Espíritu" están mal. La confusión y el desorden no son las mismas cosas que la libertad del Espíritu.

Como hablar en lenguas

Así como cualquier otro don del Espíritu, este don se debe recibir del Espíritu de Dios por gracia a través de la fe. Usted no lo puede forzar ni tampoco ganar. Simplemente usted pide en fe y lo recibe por gracia.

> Y yo os digo: Pedid, y se os dará; buscad, y hallaréis; llamad, y se os abrirá. [10] Porque todo aquel que pide, recibe; y el que busca, halla; y al que llama, se le abrirá. [11] ¿Qué padre de vosotros, si su hijo le pide pan, le dará una piedra? ¿o si pescado, en lugar de pescado, le dará una serpiente? [12] ¿O si le pide un huevo, le dará un escorpión? [13] Pues si vosotros, siendo malos, sabéis dar buenas dádivas

a vuestros hijos, ¿cuánto más vuestro Padre celestial dará el Espíritu Santo a los que se lo pidan? (Lucas 11:9-13)[45]

Según este pasaje, es la voluntad de Dios darte el Espíritu Santo.

Algunos consejos prácticos incluyen pasar tiempo con Dios en oración y alabanza. Yo he visto a Dios dar este don en momentos así. Mientras más usted se hace consciente de la presencia de Dios y menos consciente de sí mismo, más grande va a ser la unción que aumentará sobre usted. También le puede pedir a alguien que imponga sus manos sobre usted para que reciba este don a través de la impartición.

Cualquier método que quiera usar, tome un paso de fe y comience a hablar lo que Dios ponga en su corazón, mente o espíritu. Cuando yo recibí el don de lenguas, yo me recuerdo que por algún tiempo yo estaba escuchando lenguas en mi cabeza. Pensé que talvez me estaba recordando de las lenguas de otra persona. También se me formaban nudos en la garganta cuando alababa a Dios o me emocionaba en oración. Pero me abstenía de hablar lo que me venía a la mente o lo que sentía viniendo a mi boca hasta el día en que decidí tomar un paso de fe. Al principio yo hablé sílabas pequeñas. Pero mientras más yo practiqué, más yo desarrollé este don.

Por lo tanto, tome un paso de fe la próxima vez que usted pida por este don, o alguien le ore, o esté alabando a Dios y sienta un nudo formándose en su garganta. Dios no

---

[45] También vea el pasaje paralelo en Mateo 7:7-11

te juzgará o condenará por hacer esto. Hacer esto no es "diabólico" o "carnal." Recuérdese de Su promesa en Lucas 11.

Padre, yo oro por una impartición del Espíritu de Dios para tu hijo o hija. Que ellos reciban el don de lenguas. Que tu unción comience a venir sobre ellos. Que comience un fuego a arder en su estómago y suba a sus gargantas ¡en el nombre de Jesús!

Sueños, Visiones y el Evangelismo

"Vuestros jóvenes verán visiones, Y vuestros ancianos soñarán sueños" (Hechos 2:17)

Los sueños y las visiones son fenómenos tan viejos como la humanidad y tan comunes como la gripe. Todos los experimentan, pero no todos entienden sus significados ni su relevancia. Si eres un creyente o no, usted ha experimentado una u otra forma de visión. En este capítulo quiero darle una descripción breve acerca de los diferentes tipos de visiones y cómo ellos son relevantes al evangelismo.

¿Qué es una visión?

Antes de mencionar las diferentes formas de visiones yo creo que es importante que primero entendemos qué es una visión. Una visión es una imagen o revelación que podemos ver con nuestros ojos espirituales. Recuérdese que no estamos hechos sólo de hueso y carne. Somos espíritus dentro de un cuerpo. Nuestro espíritu existe para que nos podamos relacionar o interactuar con el mundo espiritual. "Dios es Espíritu; y los que le adoran, en *espíritu* y en verdad es necesario que adoren" (Juan 4:24; énfasis mío).

Aunque, con nuestra alma y cuerpo somos conscientes del mundo físico alrededor de nosotros, nuestro espíritu está consciente del mundo espiritual que existe por todo nuestro alrededor. Entonces una de las maneras por las cuales podemos recibir información del mundo espiritual es a través de visiones. Dios temporalmente remueve el velo que existe entre nuestra alma y nuestro espíritu. Luego El permite que nuestra mente (alma) vea (o tenga una visión de) imágenes o reciba revelación del mundo espiritual.

Diferentes tipos de visiones

Ahora, hay cuatro tipos de visiones, cuatro tipos o maneras que Dios nos permite ver o recibir revelación del mundo espiritual. Estos tipos de visiones son: visiones de trances (o éxtasis), visiones abiertas, visiones mentales, visiones de noche (sueños).

Visiones de trances son visiones que toman lugar cuando perdemos consciencia del mundo físico a nuestro alrededor y nos movemos completamente en el mundo espiritual en nuestras mentes o cuerpos.[46] Pedro tuvo esta forma de visión en Hechos 10, "Al día siguiente, mientras ellos iban por el camino y se acercaban a la ciudad, Pedro subió a la azotea para orar, cerca de la hora sexta. [10] Y tuvo gran hambre, y quiso comer; pero mientras le preparaban algo, le sobrevino un éxtasis" (v9-10). En otras palabras, Pedro perdió consciencia de su alrededor y estaba consciente solamente de la visión espiritual que él estaba viendo.[47]

Visiones abiertas son visiones que usted puede ver con los ojos abiertos. Con estas visiones usted no pierde consciencia del ambiente físico. Por el contrario, puede ver ambos, el mundo espiritual y físico simultáneamente. Otra vez Pedro es un buen ejemplo de este tipo de visión. En Hechos 12 Pedro va a ser ejecutado por Herodes después

---

[46] Vea 2 Corintios 12:1-4 para ver esto descrito.

[47] Maria Woodworth Etter fue conocida por tener mucho de estos tipos de visiones. Ella muchas veces entraba en un trance aun cuando predicaba. Esta experiencia le podía durar de algunos minutos hasta varias horas.

de la fiesta de la pascua. Pero en la noche mientras Pedro dormía Dios mandó un ángel para rescatarlo en respuesta a las oraciones fervientes de la iglesia. El ángel lo despierta, sus cadenas se caen de sus manos y sus pies y después él escolta a Pedro fuera de la prisión. Verso 9 dice, "Y saliendo, le seguía; pero no sabía que era verdad lo que hacía el ángel, sino que pensaba que veía una visión." En otras palabras, Pedro creyó que él estaba en otro trance, pero en realidad él estaba viendo todo esto suceder literalmente con sus ojos abiertos. Él estaba viendo un ser espiritual moviéndose en el mundo físico. Los guardias no estaban viendo nada de esto, pero Pedro sí porque el velo temporalmente se había quitado para que él se pudiera escapar con el ángel.[48]

El tercer tipo de visión es conocido como visiones mentales. Ambos, el tercero y cuarto tipos de visiones son más comunes. Estas son cosas espirituales que usted puede ver en su mente, o en su imaginación. Tal vez ha escuchado la expresión "los ojos de la mente." En la misma parte suya donde usted puede ver memorias o crear imágenes, usted también puede ver seres, informaciones o revelaciones espirituales. Si usted se recuerda, esta es una de las maneras que puede recibir palabras de ciencia. Esta es una forma común de ver proféticamente o discernir espíritus. Estas visiones pueden suceder con los ojos cerrados o abiertos. Usted está consciente del mundo físico pero a la misma vez está viendo en su alma lo que está pasando en el mundo espiritual.

---

[48] Otro ejemplo famoso de una visión abierta se encuentra in 2 Reyes 6 cuando Eliseo ora para que los ojos de su sirviente se abran y el ve caballos y carros de fuego alrededor de Eliseo.

El último tipo de visión es la visión de noche. Esto es conocido mejor como un sueño. "Por sueño, en visión nocturna, Cuando el sueño cae sobre los hombres, Cuando se adormecen sobre el lecho" (Job 33:15). Estas son visiones que ocurren cuando una persona está durmiendo. Ya no están conscientes del mundo fisco porque sus cuerpos están en un estado de descanso. Pero aunque sus cuerpos estén descansando sus almas y espíritus no lo están. En estas visiones usted puede recibir revelación de Dios o ser visitado por seres espirituales – demonios, ángeles o Dios mismo.

El propósito de los sueños y las visiones

Hay muchas visiones y sueños grabados en la Biblia de Génesis a Apocalipsis. Aunque no podemos entrar en detalles con cada sueño yo creo que hay razones comunes por las cuales son dadas. Yo creo que son dadas por revelación, instrucción, dirección, guianza, confirmación, edificación y consuelo.

Por ejemplo, acerca de los sueños la Biblia dice,

Sin embargo, en una o en dos maneras habla Dios; Pero el hombre no entiende. [15] Por sueño, en visión nocturna, Cuando el sueño cae sobre los hombres, Cuando se adormecen sobre el lecho, [16] Entonces revela al oído de los hombres, Y les señala su consejo, [17] Para quitar al hombre de su obra, Y apartar del varón la soberbia. [18] Detendrá su alma del sepulcro, Y su vida de que perezca a espada. (Job 33:14-18)

En otras palabras, hay veces cuando Dios trata de hablar con nosotros y captar nuestra atención cuando estamos despiertos. Pero como estamos tan ocupados con los afanes de la vida, algunas veces Él espera hasta cuando estemos durmiendo para alcanzarnos e instruirnos para guardarnos del pecado, o de perecer, o para avisarnos de algún peligro.

Ahora, más relevante a este libro es el hecho que Dios nos puede dar sueños y visiones con el propósito de alcanzar a los perdidos. Cuando Pedro tuvo el trance en Hechos 10 era para instruirlo en alcanzar a los creyentes gentiles que también iban a formar parte de la familia de Dios y ser herederos de la salvación. La cosa asombrosa es esto, que el pueblo a quien Pedro le iba a predicar también tuvo sus propias visiones que les abrieron para escuchar el evangelio y cambiar su destino eterno.

En Hechos 16 encontramos a Pablo en uno de sus viajes misioneros. Él estaba planeando viajar al oriente a Asia, pero Dios tuvo otros planes. Él no permitió que Pablo y sus compañeros viajaran al oriente, sino que ellos fueron instruidos a ir al occidente, a Macedonia, para predicarle el evangelio. Si no fuera por esa visión clave y la obediencia y su sensibilidad al Espíritu, estuviéramos leyendo de una iglesia completamente diferente en la historia hoy.

Los sueños y las visiones son unas de las razones primordiales que los Musulmanes, los Hindú, los Budistas y las personas del tercer mundo se están convirtiendo a Cristo. Ellos no están siendo persuadidos tanto por nuestra apologética, libros, o grandes servicios y programas. ¡Ellos se están encontrando con Dios a través de visiones, sueños, sanidades, liberaciones y los milagros!

Hay una razón por el cual Dios prometió que juntamente con el derramamiento de Su Espíritu la gente iba a tener sueños y visiones. Los jóvenes y ancianos, los hombres y mujeres. En otras palabras, la experiencia de lo sobrenatural iba a ser disponible a todos a pesar de su edad o sexo. Dios quiere una relación con nosotros. Él quiere alcanzarnos por cada medio posible.

Deberíamos estar en el negocio de salvar almas. Y uno de los medios poderosos que Dios ha escogido para revelarse a nosotros e instruirnos personalmente es a través de sueños y visiones. No debemos ignorarlo ni pasarlo por alto. Los destinos y las personas están en el balance.

Entonces, ¿qué debemos hacer?

Yo creo que lo primero que debemos hacer ahora que entendemos estas verdades es cultivar una sensibilidad al Espíritu. Debemos pasar tiempo con Dios en oración, adoración y sobre todo en la Palabra. Es a través de la palabra de Dios que vamos a poder filtrar lo malo y recibir lo bueno.

Lo siguiente, debemos estar a la expectativa que Dios nos va a hablar a través de sueños y visiones. Mantén una libreta o algo con que escribir y registrar los sueños que tengas. No siempre ignores las imágenes mentales que recibas. A través del Espíritu y la palabra de Dios discierne el origen y el propósito. Y si Dios le está dirigiendo, obedece Sus instrucciones. Comparte el evangelio con los perdidos. Profetízales a otros.

Yo, por ejemplo, estoy tan ansioso y a la expectativa que Dios me hable en sueños que yo duermo con el teléfono cerca para grabar audiblemente lo que sea que me sueñe.

Aun cuando yo oro, yo mantengo mi tableta o computadora cerca para poder escribir, por si acaso yo llego a escuchar o ver algo de Dios.

Y por último, invierte su tiempo y recursos en aprender más acerca de sueños y visiones. Lee libros, escucha mensajes, mira videos, y asiste a conferencias que le ayude a aprender cómo interpretar sueños y visiones. Esto también le ayudará a aprender cómo desarrollar sus sentidos espirituales.

Dios le quiere hablar todos los días. Él lo quiere hacer a través de las Escrituras y también a través de la voz interna del Espíritu. Pero Él también se quiere revelar a través de sueños y visiones.

Que el Dios de nuestro Señor Jesucristo, el Padre de gloria, os dé espíritu de sabiduría y de revelación en el conocimiento de él, alumbrando los ojos de vuestro entendimiento, para que sepáis cuál es la esperanza a que él os ha llamado, y cuáles las riquezas de la gloria de su herencia en los santos, y cuál la supereminente grandeza de su poder para con nosotros los que creemos, según la operación del poder de su fuerza, la cual operó en Cristo, resucitándole de los muertos y sentándole a su diestra en los lugares celestiales, sobre todo principado y autoridad y poder y señorío, y sobre todo nombre que se nombra, no sólo en este siglo, sino también en el venidero (Efesios 1:17-21).

Cooperando con los Ángeles en el Evangelismo

"¿No son todos espíritus ministradores, enviados para servicio a favor de los que serán herederos de la salvación?" (Hebreos 1:14)

El tema de los ángeles es fascinante. Películas, libros, y aun programas de televisión se han hecho sobre ellos. Ellos parecen estar tan cercanos pero a la misma vez tan elusivo. Sin embargo, la Biblia de manera muy frecuente hace mención a su presencia en los asuntos de los humanos. Y aún más relevante a este libro, los ángeles están involucrados en la predicación y propagación del evangelio. Si pudiéramos entender quiénes son y cuál es su propósito, entonces pudiéramos aprender cómo encontrarnos y cooperar con ellos más frecuentemente cuando estemos evangelizando.

¿Qué son los ángeles?

Ambos en el hebreo (malak) y en el griego (aggelos) la palabra "ángel" en verdad significa "mensajero." Entonces los ángeles son mensajeros celestiales sobrenaturales. Pero también son espíritus ministradores (Hebreos 1:14). O mejor dicho, son espíritus que sirven.

La Biblia los describe en muchas diferentes maneras. Algunas de estas maneras aun denotan rango entre ellos.

- Huestes (1 Samuel 17:45; Salmo 89:8)

- Vigilantes (Daniel 4:13, 17)
- Hijos del poderoso (Salmo 29:1)
- Hijos de Dios (Job 1:6)
- Estrellas (Apocalipsis 12:4)
- Arcángeles (Judas 1:9)
- Serafines (Isaías 6:2)
- Querubines (Génesis 3:24)
- Seres vivientes (Apocalipsis 4:8)[49]

Ángeles en el Nuevo Testamento

Los ángeles se pueden ver en el Nuevo Testamento desde el principio hasta el fin. Timothy Berry dice,

"En el Nuevo Testamento, Gabriel se aparece otra vez, apareciéndose al padre de Juan el Bautista, Zacarías en Lucas 1:11-19. Después a María la madre de Jesús en Lucas 1:26-38 y a José en Mateo 1:20-24. Un ángel se le aparece a José en dos ocasiones más en sueños en Mateo 2:13 y 2:19. Como se mencionó antes, ángeles ministraron a Jesús en Mateo 4:11, Marcos 1:13, y Lucas 22:43. Como se indicó en el capítulo 1, Jesús probablemente tuvo más encuentros con ángeles. Nosotros concluimos esto de su declaración en Juan 1:51, acerca de ángeles ascendiendo y descendiendo sobre él. Ángeles se aparecieron a la tumba de la resurrección de Jesús en Mateo 28:5; Lucas 22:43; Juan 20:12. Dos hombres

---

[49] Tomé esta lista de - *Entertaining Angels: Engaging the Unseen Realm* (Entreteniendo Ángeles: Encuentro con el Mundo Invisible), Rand Clark, Timothy Berry, Annie Byrne, and Chris Ishak. Apostolic Network of Global Awakening, Mechanicsburg, PA: 2011. 51-58.

se aparecieron a la ascensión de Jesús en Hechos 1:10. Un ángel rescató los apóstoles de la prisión en Hechos 5:19 y otra vez a Pedro en Hechos 12:7-10. Pablo describió una experiencia que tuvo con un ángel en Hechos 27:23, y en 2 Corintios 12 Pablo describe cómo algunas de su experiencias y visiones celestiales eran tan asombrosas que él no podía hablarle a nadie sobre eso. Juan tuvo una visitación larga con muchos ángeles y Jesucristo en el libro de Apocalipsis. También, en muchos de estos relatos los ángeles e individuos tuvieron una conversación con él, significando que nosotros como seres humanos podemos comunicarnos con los ángeles cuando ellos lo inician."[50]

Ahora, esto no es una lista exhaustiva de los encuentros angelicales en el Nuevo Testamento. Es una muestra general que nos puede enseñar cuán involucrados los seres angelicales estaban en la vida de los creyentes desde el principio.

El propósito de los ángeles

Ahora, ¿por qué existen los ángeles?, ¿cuál es su propósito? Yo creo que las respuestas a estas preguntas nos iluminarán en cómo son relevantes a nosotros. Aunque se puede decir mucho sólo me enfocaré sobre los esenciales.

Primero y ante todo, los ángeles existen para darle gloria a Dios. Desde el principio hasta el fin de la Biblia los ángeles son vistos rodeando a Dios y adorándole día y no-

---

[50] Ibid, 37-38.

che. Apocalipsis 4:8 dice, "Y los cuatro seres vivientes tenían cada uno seis alas, y alrededor y por dentro estaban llenos de ojos; y no cesaban día y noche de decir: Santo, santo, santo es el Señor Dios Todopoderoso, el que era, el que es, y el que ha de venir." Apocalipsis 7:11-12 dice, "Y todos los ángeles estaban en pie alrededor del trono, y de los ancianos y de los cuatro seres vivientes; y se postraron sobre sus rostros delante del trono, y adoraron a Dios, ^{12} diciendo: Amén. La bendición y la gloria y la sabiduría y la acción de gracias y la honra y el poder y la fortaleza, sean a nuestro Dios por los siglos de los siglos. Amén."

Muchos de los testimonios de personas e iglesias que han tenido encuentros con ángeles describen que estas visitaciones han ocurrido durante un tiempo de alabanza y adoración exuberante. Es como si la alabanza de la tierra atrae estos seres celestiales a participar en darle honra y gloria a El quien es digno. Dios habita entre las alabanzas de Su pueblo (Salmo 22:3). En otras palabras, el cielo toca la tierra cuando la alabanza y la adoración suben.

Por segundo, los ángeles existen para cumplir la voluntad de Dios. "Bendecid a Jehová, vosotros sus ángeles, Poderosos en fortaleza, que ejecutáis su palabra, Obedeciendo a la voz de su precepto. ^{21} Bendecid a Jehová, vosotros todos sus ejércitos, Ministros suyos, que hacéis su voluntad." (Salmo 103:20-21). Obviamente Dios puede hacer todo solo, pero Él nos permite a nosotros y a los ángeles que participemos en el gozo de Sus obras cuando cumplimos Su voluntad.

Tercero, los ángeles existen para servir a la Iglesia. Recuérdese, "¿No son todos espíritus ministradores, enviados para servicio a favor de los que serán herederos de la salvación?" (Hebreos 1:14). Ellos no se someten a nosotros como esclavos. Ellos trabajan juntamente con nosotros como compañeros en expandir la voluntad de Dios y compartir el evangelio. Los ángeles pueden ser enviados a nosotros para fortalecernos (Lucas 22:43), librarnos de peligros físicos o ataques diabólicos (Salmo 91:11-12; Hechos 12:7-10), darnos la provisión sobrenatural de Dios (1 Reyes 19:5-8), darnos revelaciones e instrucciones divinas (Hechos 8:26-40; el libro de Apocalipsis), quitarnos impedimentos para predicar el evangelio (Hechos 5:17-21), y aun preparar los corazones de los incrédulos para recibir nuestra predicación del evangelio (Hechos 10).

Si todo esto es verdad ¿entonces no deberíamos estar más abiertos a los encuentros con los ángeles y la ayuda celestial?

Lo que sí y no se puede hacer acerca de cooperando con los ángeles

Si de alguna manera vamos a tomar un papel activo en tener estos encuentros con los ángeles o cooperar con el cielo, hay algunas cosas bien importantes que debemos hacer y no hacer.

Primero, no debemos adorar a los ángeles. Yo sé que esto puede ser obvio, pero aun lo más espirituales entre nosotros puede caer sin querer en este error de adorar a ángeles. El amado apóstol Juan experimentó esto en el libro de Apocalipsis y el ángel mismo le respondió, "Yo me postré a sus pies para adorarle. Y él me dijo: Mira, no lo hagas; yo soy consiervo tuyo, y de tus hermanos que retienen el testimonio de Jesús. Adora a Dios; porque el testimonio de Jesús es el espíritu de la profecía" (19:10).

Los primeros dos mandamientos del Decálogo nos mandan que no adoremos ni hagamos otros dioses excepto al Dios real. No debemos convertirnos en personas tan obsesionadas con los ángeles que de alguna forma hagamos de ellos ídolos u objetos de nuestra adoración u oración.

Esto me trae a mi segunda sugerencia. No le ore a los ángeles. La Biblia dice, "Porque hay un solo Dios, y un solo mediador entre Dios y los hombres, Jesucristo hombre" (1 Timoteo 2:5). Nuestras oraciones deben ser dirigidas al Dios Trinitario. Si quisiéramos ver ángeles o adquirir su ayuda debemos dirigir nuestras oraciones a Dios. No es malo pedir estas experiencias. Esto es exactamente lo que Manoa, el padre de Sansón, hizo cuando él quería instrucciones de cómo criar a Sansón (vea Jueces 13).

Tercero, mantenga una mente abierta a lo sobrenatural y a las visitaciones de estos seres. Una persona que es escéptica o resistente a estos encuentros probablemente nunca lo experimentara o reconocerá. "Sin fe es imposible agradar a Dios" (Hebreos 11:6).

Algunas personas tal vez se sientan incómodas con esto. Eso es normal. Muchos han tenido encuentros con apariencias falsas de ángeles a través de la historia y se han desviados. Por eso usted debe usar los principios que se han mencionado en este libro para probar los espíritus y filtrar lo malo. Annie Byrne en el libro *Entertaining Angels*[51] nos da algunos consejos de como discernir si el encuentro que tuviste fue de Dios o no. Ella mencionas cosas como: ¿El ser le trajo edificación, consolación y exhortación? ¿Estaba en acuerdo con la Biblia? ¿Exalta a Jesús? ¿Produjo buen fruto? ¿Fueron ciertas sus predicciones? ¿Sus predicciones

---

[51] p103-104.

ciertas acercaron a las personas más a Dios? ¿Ese encuentro le trajo libertad o atadura? ¿Le trajo vida o muerte? ¿El Espíritu Santo le confirma esto como algo verdadero?

Cuarto, como mencione antes, la alabanza y la adoración crean una atmósfera que invita a lo angelical. Entonces en su tiempo de alabanza y adoración sea más consciente de su ambiente y mantenga su corazón abierto a cualquier cosa que Dios quiera hacer. Han habido momentos cuando yo he adorado a Dios y he sentido un viento pasar por mis manos o cuerpo. La cosa sorprendente es que en alguna de esas ocasiones esto ha ocurrido cuando no había ninguna razón natural por tal viento. Los aires acondicionados o los abanicos no estaban produciendo tal efecto. No había ninguna corriente de aire por puertas o ventanas abiertas. La Biblia dice, "Ciertamente de los ángeles dice: El que hace a sus ángeles espíritus, Y a sus ministros llama de fuego" (Hebreos 1:7). Experiencias como estas posiblemente pueden ser seres angelicales dándose a conocer.

Quinto, viva en la perfecta voluntad de Dios. En las escrituras, los ángeles usualmente se aparecen cuando las personas están trabajando para Dios o cumpliendo con su ministerio o bajo ataque espiritual o físico por ser la voluntad de Dios. Si estás caminando en obediencia a la voluntad de Dios y estas involucrado en hacer Su obra, es probable que los ángeles van a estar presentes para ayudarle en muchas ocasiones, aun si no se da cuenta. Por ejemplo, la Biblia dice, "No os olvidéis de la hospitalidad, porque por ella algunos, sin saberlo, hospedaron ángeles" (Hebreos 13:2). Los ángeles también son activados cuando declaramos la palabra de Dios.

Mi último consejo es que también ore para que los incrédulos tengan verdaderos encuentros con los ángeles que les causen abrir sus corazones al evangelio. Así como Cornelio, la gente pueden ser impactada con tales encuentros. El Espíritu Santo es el que trae convicción de pecado, pero los ángeles son nuestros "compañeros de trabajo" invisibles en el ministerio.

Vivimos bajo un cielo abierto

No me recuerdo dónde escuché por primera vez este concepto, pero ha sido una bendición para mí. Nosotros vivimos bajo un cielo abierto. Lo que significa que tenemos acceso gratis a las bendiciones del cielo y la habilidad de servir como una puerta o puente para que aquello que es celestial se manifieste aquí en la tierra. Déjame explicarme.

En Génesis 28 Jacob tiene un sueño donde él se encuentra con Dios. Y en ese sueño él ve una escalera que "estaba apoyada en tierra, y su extremo tocaba en el cielo; y he aquí ángeles de Dios que subían y descendían por ella" (28:12). Después de ver esta escalera y los ángeles moviéndose de un lado a otro entre la tierra y el cielo, el verso 17 dice, "Y tuvo miedo, y dijo: ¡Cuán terrible es este lugar! No es otra cosa que casa de Dios, y puerta del cielo."

Entonces él nota que hay un portal al cielo en la casa de Dios, con una escalera sirviendo como un puente entre esta dimensión y la próxima. Los ángeles se movían arriba y abajo libremente sobre esa escalera.

Es interesante notar que Jesús usó esta ilustración cuando habló de Sí mismo. Después de darle una palabra de ciencia a Natanael que le causó que ponga su fe en Jesús, Juan nos dice, "Y le dijo: De cierto, de cierto os digo: De aquí en adelante veréis el cielo abierto, y a los ángeles de Dios que suben y descienden sobre el Hijo del Hombre" (1:51).

La Biblia nos dice que Jesús es Dios (Juan 1:1) y que Dios decidió habitar entre nosotros (1:14). La palabra "habitar" en este verso significa establecer una tienda o tabernáculo.[52] Literalmente podemos decir que Dios "tabernaculizó" entre nosotros en la persona de Cristo. Jesús no sólo vino y vivió entre los hombres, Él literalmente era Dios en la carne. Jesús era "la casa de Dios y la puerta del cielo" aquí en la tierra. Entonces Él sirvió como un punto de acceso móvil y puente que permitió a los ángeles moverse libremente. La actividad angelical estaba constantemente alrededor de Jesús. Donde quiera que iba Jesús, Él literalmente trajo el cielo a la tierra.

Pero ahora que Él ascendió, ¿existe ahora tal casa?, ¿existe tal puerta aquí en la tierra?, ¿un lugar donde el cielo pueda invadir y los ángeles descender y ascender? ¡Sí!

La Biblia dice de cada creyente que somos templos del Espíritu Santo (1 Corintios 3:16; 6:19). Literalmente nosotros somos la casa de Dios aquí en la tierra y Dios literalmente habita en nosotros. Por esta razón, somos puertas, servimos como puentes entre el cielo y la tierra. Lo sobrenatural debe literalmente estar sucediendo donde quiera que vayamos. Los ángeles deben, y lo están haciendo, moverse, ascender y descender sobre nuestras vidas. Ellos trabajan para elevar nuestras alabanzas y oraciones y bajan para traernos bendiciones.

---

[52] Strong's #4637

Donde quiera que vayamos la gente debe poder recibir un poco del cielo de nosotros. El cielo debe poder hacer su voluntad en nuestras vidas porque servimos como canales de la presencia y el amor de Dios. Literalmente estamos viviendo como "porteros" de lo sobrenatural. Vivimos bajo un cielo abierto constantemente. Lo único que bloquea o impide que estos encuentros o invasiones del cielo ocurran en nuestras vidas es nuestra falta de fe, falta de amor, y nuestras mentes no-renovadas. Como he escuchado a Todd White decir, "El único 'bloqueo' a lo sobrenatural esta entre nuestras dos orejas."

Entonces yo les animo que cooperen con los ángeles. Mientras usted cumpla la Gran Comisión pídele a Dios por ayuda angelicales donde quiera que sea necesario. Ora para que los incrédulos tengan estos encuentros. Séa abierto a lo sobrenatural. Vivan en santidad y amor. Compartan la fragancia del cielo dondequiera que vaya. Usted literalmente es la casa de Dios y la puerta del cielo para los perdidos aquí en la tierra.

El Evangelio y el Evangelismo

"Porque no me avergüenzo del evangelio, porque es poder de Dios para salvación a todo aquel que cree" (Romanos 1:16)

Aunque el enfoque de este libro es el poder del Espíritu Santo y lo sobrenatural en relación al evangelismo, no estará completo si no habláramos del mensaje del evangelio. El mismo mensaje del evangelio es sobrenatural y aun es referido como "el poder de Dios para salvación a todo aquel que cree" (Romanos 1:16). No podemos evangelizar completamente sin proclamar este mensaje a la misma vez que lo demostremos. Las señales han de seguir todo aquel que cree y también al mensaje cuando es predicado.

¿Qué es el evangelio?

La palabra "evangelio" literalmente significa "buenas nuevas" La palabra griega es "euanggelion"[53] y es usada 76 veces en el Nuevo Testamento. Esta palabra es usada para describir las buenas nuevas de Jesús con frases como "el evangelio," "el evangelio de Jesucristo," "el evangelio del reino," "el evangelio de gloria," "el evangelio de Dios," o aun "mi evangelio."

Aunque muchos han ofrecido varias definiciones del evangelio hay algunos lugares en las Escrituras que en

---

[53] Strong's #2098

realidad nos definen el evangelio de Jesucristo. El primero es Romanos 1:1-4:

> Pablo, siervo de Jesucristo, llamado a ser apóstol, apartado para el evangelio de Dios, [2] que él había prometido antes por sus profetas en las santas Escrituras, [3] acerca de su Hijo, nuestro Señor Jesucristo, que era del linaje de David según la carne, [4] que fue declarado Hijo de Dios con poder, según el Espíritu de santidad, por la resurrección de entre los muertos

El segundo lugar en el Nuevo Testamento que nos dice exactamente cuál es el mensaje del evangelio se encuentra en 1 Corintios 15:1-4:

> Además os declaro, hermanos, el evangelio que os he predicado, el cual también recibisteis, en el cual también perseveráis; [2] por el cual asimismo, si retenéis la palabra que os he predicado, sois salvos, si no creísteis en vano. [3] Porque primeramente os he enseñado lo que asimismo recibí: Que Cristo murió por nuestros pecados, conforme a las Escrituras; [4] y que fue sepultado, y que resucitó al tercer día, conforme a las Escrituras

Si fuéramos a combinar estos versos notaríamos que ellas comparten y tienen algunas cosas en común. Ambos hablan que Jesús murió y regreso a la vida. Esto indica que al centro del mensaje del evangelio esta la muerte y resurrección de Cristo. Pero también hay otros detalles que se pueden ver. Por ejemplo, en el pasaje en Romanos, Pablo habla acerca de Jesús siendo el hijo de Dios según el Espíritu y el hijo de David según la carne.

Entonces si yo fuera a definir al evangelio con sólo mirar estos dos versos yo diría que **el evangelio de Jesucristo es las buenas nuevas sobre quién *es* Jesús y *qué* ha hecho Él**. Esta definición encajaría perfectamente con el hecho que los cuatros *Evangelios* en verdad nos dicen la historia de quién *es* Jesús y *qué* Él ha hecho por nosotros. Jesús es el evangelio.

Este mensaje, y solamente este mensaje es "el poder de Dios para salvación para todo aquel que cree." Este es el mensaje que las personas necesitan escuchar para ser salvos.

La necesidad de predicar el evangelio

Pablo mismo entendió esto cuando él dijo, "Pues me propuse no saber entre vosotros cosa alguna sino a Jesucristo, y a éste crucificado" (1 Corintios 2:2). El mensaje que las personas tenían que escuchar era que "Jesús es el hijo de Dios, quien se hizo carne. Él vivió una vida sin pecado y fue ungido por el Espíritu Santo y Su poder y anduvo haciendo bien y sanando todo aquel que estaba oprimido por el diablo. Él tomó nuestros pecados sobre Él y murió en la cruz como un substituto para recibir la ira Dios. Pero en el tercer día Dios lo levantó de la muerte y ahora Él vive para hacer intercesión y rescatar a todo aquel que invoca Su nombre para salvación."

Claro, no tenemos que predicarlo de esta manera, palabra por palabra como lo dije. Pero ese debe ser el centro del mensaje que predicamos cuando evangelizamos a los perdidos. Muchas veces cuando evangelizamos, nuestros testimonios y experiencias se convierten en nuestro enfoque. Nuestros testimonios y experiencias son buenas porque ilustran la bondad de Dios, pero nuestra presentación definitivamente debe incluir y hacer énfasis sobre quién es Jesús y lo que Él hizo por nosotros a través de su muerte y resurrección.

Yo también he visto personas predicando doctrinas y tradiciones de hombres cuando estan evangelizando. Yo le he visto condenar y criticar cuando están evangelizando. Mis hermanos y hermanas, ¡sólo prediquen el evangelio! ¡Ese mensaje tiene el poder para salvar a los pecadores si ellos los escuchan y lo creen! ¡Paren de tratar de limpiar los peces incluso antes de aun pescarlos!

Claro, el predicar el evangelio no es una garantía de que los pecadores los escuchen, pero es el único mensaje a través del cual ellos pueden ser salvos. Si todavía se sienten inseguros o nerviosos acerca de compartir el evangelio hay muchas páginas en el internet y libros que les pueden ayudar en cómo proclamar este mensaje. Sin embargo, cualquier método que ustedes usen, asegúrense que las buenas nuevas sobre quién es Jesús y qué ha hecho Él, están en el centro de su mensaje.

Llevando a alguien a Cristo

Después de compartir el evangelio con una persona, ¿qué sigue? Muchas personas tienen problema en llevar a otro a los pies de Cristo. Hay algunas iglesias y tradiciones que están en contra del llamado al altar o en dirigir a otro en la oración del pecador pero yo creo que no hay nada malo con esto mientras no lo usemos como un tipo de fórmula mágica y pensemos que la gente son salvos automáticamente sólo porque repitieron algunas palabras. Entonces vamos a mirar el tipo de oración que yo uso para dirigir a las personas a Cristo y la base Bíblica para tal oración.

Antes de dirigir a alguien en oración, primero me gusta asegurarme que la persona entiende el evangelio. Después me gusta explicarle lo que se va a esperar de ellos si ellos escogen convertirse en Cristianos. El Cristianismo no se trata de una religión de reglas de lo que se puede hacer y lo que no se puede hacer. Se trata de una relación con una persona con la cual uno se está comprometiendo a seguir. Yo hago esto por lo que Jesús dijo en Lucas 14:25-33 acerca de calcular el precio de ser Su seguidor. Si la persona expresa que sí está dispuesta a comprometer su vida a Él, yo lo dirijo en la siguiente oración y en general[54] le pido que lo repita con su boca y de su corazón:

Señor Jesús, hoy yo vengo a Ti y admito que soy un pecador y que soy culpable y merezco ser castigado en el infierno. Pero yo creo que Tú me amas y que moriste por mis pecados en la cruz y que fuiste levantado de la muerte el tercer día. Hoy, yo decido entregar mi vida a Ti y darle las espaldas al mundo. Ten misericordia de mí y sálvame. Yo te confieso como mi Señor y Salvador en el nombre de Jesús, amén.[55]

Cada una de estas declaraciones está basada en la Escrituras. Yo no sé cómo alguien pudiera criticar tal oración. Como mencioné, no debemos tratarla como una fórmula mágica. No somos salvos por repetirla, somos salvos

---

[54] Hay algunas personas por ejemplo, que están enfermas o en un lecho de muerte y no pueden articular con su boca su confesión, pero tal vez pueden parpadear con sus ojos o apretar su mano. Sea dirigido por el Espíritu y sea sensible a la persona y el contexto en cual se encuentre.

[55] Pasajes sobre el cual esta oración está basada: Lucas 18:13; Romanos 6:23; Juan 3:16; Romanos 10:9-10

por creer el evangelio y arrepentirnos de nuestros pecados y por dedicar nuestras vidas a Jesús. Romanos 10:9-10 dice, "que si confesares con tu boca que Jesús es el Señor, y creyeres en tu corazón que Dios le levantó de los muertos, serás salvo. [10] Porque con el corazón se cree para justicia, pero con la boca se confiesa para salvación."

Entonces si usted comparte el evangelio con alguien y le explica las implicaciones del dar su vida a Jesús, siéntase libre de dirigirlo en una oración similar. No tiene que ser igual a esta. Si quiere, aun le puede permitir a ellos orar lo que sienten en sus corazones mientras ellos se arrepientan de sus pecados y pongan su fe en Cristo. Si ellos hacen esto genuinamente usted le puede asegurar que la Biblia dice que sus nombres han sido escritos en el cielo en el libro de la vida del cordero. Y todo el cielo se regocijaba al ser testigo de la decisión que cambiará sus vidas.

Después yo le animaría: (1) a que lean la Biblia diariamente; (2) a que pasen tiempo en oración diariamente; (3) a que encuentren una iglesia arraigada en la Biblia, el Espíritu Santo, y el amor y que comiencen a visitarla regularmente. Todo esto es necesario si quieren crecer en Cristo y mantenerse fieles.[56]

Esto no es complicado, entonces no lo complique y no sea intimidado. Solo comparte su experiencia, el evangelio, y después dirígelo en oración. Usted lo puede hacer. Yo creo en usted.

---

[56] Si es posible, yo aún sugiero que le pongas las manos y ores que Dios lo llene ahí mismo con el Espíritu Santo.

La Prédica Ungida y el Evangelismo

"El Espíritu del Señor está sobre mí, Por cuanto me ha ungido para dar buenas nuevas a los pobres" (Lucas 4:18)

Hay mucho hablar en nuestros días acerca de la unción. Pero ¿qué es y por qué lo necesitamos si vamos a alcanzar a los perdidos? Yo creo que el predicar sin la unción de Dios es la razón por el cual muchos sermones y enseñanzas hoy en día cumplen poco en nuestras congregaciones y aun meno en las calles. Sin embargo, Dios nos quiere ungir para que prediquemos el evangelio efectivamente a los que se pierden.

¿Qué es la unción?

Me gustaría comenzar a definir la unción con decir primero lo que no es. La unción no es emocionalismo aunque sí produzca emoción. La unción no es seriedad aunque sí produzca convicción. La unción no es carisma aunque sí es atractiva.

Yo creo que la mejor manera de definir la unción es con decir que es la presencia y el poder temporario potenciadora del Espíritu Santo.[57] Permite explicarme.

---

[57] Digo que es temporal porque es una autoridad o poder que viene cuando uno hace algo por Dios pero luego se va cuando hemos terminado. Esto es

La palabra griega para la unción es "chrio."[58] Esto significa frotar o ungir con aceite. Ambos objetos y personas eran ungidos en el Antiguo Testamento. Algo que era ungido era algo que se consagraba o separaba para el uso especial de Dios. Usualmente los profetas, sacerdotes, y los reyes eran ungidos.

Ahora, el aceite con el cual ellos eran ungidos es simbólico del Espíritu Santo. Entonces, cuando estos hombres eran ungidos con el aceite y consagrados por Dios, ellos eran empoderados divinamente por el Espíritu Santo para cumplir sus papeles. El Espíritu Santo venia sobre ellos y les daba poderes o habilidades sobrenaturales. Por eso vemos un Sansón que podía derrotar cientos de hombres o levantar las puertas de la ciudad cuando este poder venia sobre él. O un David que tocaba el harpa y causaba que los demonios dejaran de atormentar a Saúl.

Cuando alguien es ungido con el Espíritu Santo ellos pueden hacer cosas sobrenaturales. "cómo Dios ungió con el Espíritu Santo y con poder a Jesús de Nazaret, y cómo éste anduvo haciendo bienes y sanando a todos los oprimidos por el diablo, porque Dios estaba con él" (Hechos 10:38).

La unción en nuestra prédica

La razón que necesitamos la unción cuando predicamos el evangelio es porque hace toda la diferencia en el mundo. Usted puede escuchar dos personas cantar la misma canción con las mismas acordes y melodías. Pero mientras

---

diferente a la llenura del Espíritu cual es un fluir continuo del Espíritu como un estilo de vida.

[58] Strong's #5548

la persona sin la unción puede agradar al oído, la persona que canta con la unción alcanza el corazón, le trae a lágrimas, causa que personas se arrepientan de sus pecados, que quieran más de Dios y aun cause a personas que sean libertadas o sanadas.

Lo mismo sucede con la prédica. Predicar sin la unción no produce vida, no penetra el corazón, no trae convicción al alma. Puede ser elocuente, sano con su homiletica, y aun lleno de fervor pero no producirá cambio. Este es el tipo de predicación que se ha hecho por tanto tiempo y las vidas de la personas no han sido impactadas.

Pero predicar con la unción producirá vida, penetrara el corazón, traerá convicción al alma, producirá cambio, e impactará las vidas. Podemos ver esto con el sermón de Pedro el día de Pentecostés. Después de que el Espíritu Santo vino sobre él, él salió y habló con el pueblo. Este es el resultado del mensaje ungido:

> Al oír esto, se compungieron de corazón, y dijeron a Pedro y a los otros apóstoles: Varones hermanos, ¿qué haremos? [38] Pedro les dijo: Arrepentíos, y bautícese cada uno de vosotros en el nombre de Jesucristo para perdón de los pecados; y recibiréis el don del Espíritu Santo. [39] Porque para vosotros es la promesa, y para vuestros hijos, y para todos los que están lejos; para cuantos el Señor nuestro Dios llamare. [40] Y con otras muchas palabras testificaba y les exhortaba, diciendo: Sed salvos de esta perversa generación. [41] Así que, los que recibieron su palabra fueron bautizados;

y se añadieron aquel día como tres mil personas. [42] Y perseveraban en la doctrina de los apóstoles, en la comunión unos con otros, en el partimiento del pan y en las oraciones. (Hechos 2:37-42)

Las personas fueron "compungidos de corazón." Fueron convencidos por el Espíritu Santo y convertidos. Aún más que eso, ellos ni esperaron un llamado al altar, ellos mismos le preguntaron al predicador qué tenían que hacer para ser salvos. Al final del día ¡se salvaron 3,000 almas y fueron añadidas al reino de Dios!

La unción del Espíritu Santo llena las palabras del predicador con autoridad e influencia. Le da vida a la boca de un predicador terrenal para hablar la palabra viva de Dios con poder. La prédica ungida traerá una pesadez o tangibilidad de la presencia de Dios. El cielo llenará la atmósfera.

¿Adónde encontramos la unción?

¿Puedo ser honesto con usted? Yo creo en la impartición. Yo creo en el estudiar y en el correctamente interpretar la palabra de verdad. Pero es mi opinión que la unción viene de tiempo en el lugar secreto. Yo creo que la oración es la respuesta para el poder.

Yo creo que hay muchos púlpitos a los que le falta poder porque les falta oración. Yo creo que hay muchos predicadores que les falta unción porque les falta oración. Ellos buscan por todas las maneras dinámicas y creativas para asombrar a la audiencia. Ellos creen que el estudiar la Biblia diligentemente, la buena apologética y transmisión de información convencerá o persuadirá al pueblo. Pero ellos pasan poco tiempo de rodillas buscando la presencia y el poder del Espíritu Santo para sus prédicas.

Yo leí en algún lugar, "Antes que podamos hablarles a los hombres acerca de Dios, debemos aprender cómo hablarle a Dios acerca de los hombres." E. M. Bounds dice,

> Lo que la iglesia necesita hoy no es más o mejor maquinarias, no nuevas organizaciones o más métodos nuevos, sino hombres quien el Espíritu Santo pueda usar – hombres de oración, hombres poderosos en la oración. El Espíritu Santo no fluye a través de métodos, sino hombres. Él no viene sobre maquinarias, sino hombres. Él no unge planes, sino hombres – hombres de oración…

> El sermón se hace en la recámara secreta. El hombre – el hombre de Dios – es hecho en la recámara secreta. Su vida y sus convicciones más profundas nacen en su comunión secreta con Dios. La carga y agonía lagrimosa de su espíritu, sus mensajes más pesados y dulces son recibidos en su tiempo a solas con Dios. La oración hace al hombre: la oración hace al predicador; la oración hace al pastor. El púlpito de hoy en día es débil en oración. El orgullo del aprendizaje está en contra de la humilde dependencia de la oración. La oración con el púlpito muchas veces es algo muy oficial – una actuación de la rutina del servicio. La oración no es al púlpito moderno la poderosa fuerza que era en la vida de Pablo o el ministerio de Pablo. Cada predicador que no

hace de la oración un factor poderoso en su vida y ministerio es débil como un fascinador en la obra de Dios y es impotente para proyectar la causa de Dios al mundo.[59]

Cristianos que oren es la necesidad de este tiempo. Esto es lo más difícil pero la más dulce manera de recibir la unción para predicar.

¿Tomará tiempo? Sí. ¿Pero valen la pena los resultados? Sí. F. B. Meyers una vez dijo, "Si Cristo esperó ser ungido antes que Él saliera a predicar, ningún joven debe predicar hasta que Él también sea ungido por el Espíritu Santo."[60] Cuando veamos derramamientos poderosos del Espíritu Santo, fuerte convicción sobre los pecadores y fuerte arrepentimiento en la vida de personas, nosotros le vamos a dar gracias a Dios por la unción y el tiempo que pasamos con Él en secreto, donde nadie más ve. En esa recamara secreta no hay aplausos o alabanzas de los hombres, pero sí habrá de Dios. Y los resultados de ese tiempo se verán en público cuando prediquemos el bello evangelio de Jesucristo.

---

[59] *The Complete Works of E.M. Bounds on Prayer: Power Through Prayer* (Las Obras Completas de E. M. Bounds Sobre la Oración: Poder a través de la Oración), p 447, 449.
[60] Why Revival Tarries (Por Qué Se Tarda el Avivamiento), Leonard Ravenhill, p56.

La Oración y el Evangelismo

"Hermanos, ciertamente el anhelo de mi corazón, y mi oración a Dios por Israel, es para salvación" (Romanos 10:1)

¿Cuánto tiempo pasa usted en oración? ¿Cuán importante cree usted que es la oración en conexión al ganar almas? Aunque he hablado acerca de la oración brevemente y lo mencionaré de nuevo en el próximo capítulo, yo creo que vale la pena enfatizarlo. Yo creo en el poder de la oración.

Las almas necesitan ser "engendradas" a través de la oración

Hay un hombre que ha visitado mi congregación en varias ocasiones que frecuentemente me recordaba, "las almas tienen que ser engendradas en el altar." Lo que él quería decir es que tenemos que orar por las almas hasta que ellas nazcan en el reino a través de nuestras oraciones. Debemos interceder, debemos gemir en agonía por las almas de los hombres hasta que ellos sean rescatados del reino de las tinieblas y traídos a la libertad de los hijos de Dios. En lo natural, ¿no gimen las mujeres cuando están en dolores de partos hasta traer al niño a este mundo? Lo mismo es cierto en lo espiritual. Debemos perseverar en oración si queremos ver más pecadores convertidos.

El arte de gemir en oración es el arte de sufrir dolor en su alma por los hombres y mujeres perdidas. Es orar con lágrimas mientras usted medita en el hecho que hombres y mujeres están bajando rápidamente al infierno y su única esperanza es que Cristo extienda Su mano hacia ellos con su infinita misericordia para rescatarlos de la muerte. El gemir en oración es tomar el lugar de un intercesor que ha sentido lo que Dios siente por el pecador, y luego orar con Su corazón, con Su pasión, y con Sus palabras.

Una vez lloro Jesús diciendo, "[37] ¡Jerusalén, Jerusalén, que matas a los profetas, y apedreas a los que te son enviados! ¡Cuántas veces quise juntar a tus hijos, como la gallina junta sus polluelos debajo de las alas, y no quisiste!" (Mateo 23:37). ¿Puedes sentir el dolor y el anhelo en Sus palabras? Todo lo que Él desea es nuestra salvación, "Porque el Hijo del Hombre vino a buscar y a salvar lo que se había perdido" (Lucas 19:10). Él estaba tan enamorado de la humanidad y no estaba dispuesto a que perezcan las almas que Él mismo bajó del cielo, se hizo carne, y fue un sacrificio sustitutivo en la cruz para recibir la ira de Dios para rescatar nuestras almas.

Esto es un verdadero ejemplo de un misionero, un intercesor. Es alguien que está dispuesto a salir de su zona de conforte para ponerse en la brecha para que alguien más venga a Dios aún si significa que pierdan sus vidas en el proceso. Es a través de este tipo de oración que las almas son ganadas.

La oración como guerra por las almas de los hombres

Debemos entender que estamos en una guerra espiritual por las almas de los hombres. La Biblia dice que, "el dios de este siglo cegó el entendimiento de los incrédulos, para que no les resplandezca la luz del evangelio de la gloria de Cristo, el cual es la imagen de Dios" (2 Corintios 4:4). El enemigo tiene este mundo ciego y atado. Él no tiene ninguna intención de soltar ni a una persona. Él desea ver cada ser humano, joven o viejo, pudriéndose en el infierno. Él trata de matarlo aun antes de que nazcan. Aquellos que llegan a nacer, nacen entonces en un mundo lleno de muerte, destrucción, y desesperación.

Entonces debemos entender que no estamos peleando para tratar de convencer a Dios a que salve a los perdidos. No. Dios ya está de nuestro lado. No estamos peleando en contra de Dios, pero en contra de "principados, contra potestades, contra los gobernadores de las tinieblas de este siglo, contra huestes espirituales de maldad en las regiones celestes" (Efesios 6:12). Estamos luchando en contra de Satanás y sus demonios. Estamos peleando para que el agarre de Satanás sea soltado y sus dedos quitados de las almas de los hombres y mujeres. Estamos peleando para que la gente puedan ver más allá de su decepción.

No es de extrañar que tantos cristianos no oren y giman por las almas de los hombres. Esto no es para los débiles de corazón. Esto no es para los cobardes ni los cómodos. Esto no es para los que están viviendo una doble vida en el pecado. Leonard Ravenhill dice, "El secreto de la oración es orar en secreto. Un hombre que continúa pecando cesará de orar, y un hombre que continúa orando cesará de pecar."[61]

Cuando yo vine al Señor en el 2004, por la gracia de Dios, yo regularmente pasaba de tres a seis horas en oración cada día. Yo le puedo decir que el tiempo en Su presencia es lo más dulce que uno puede experimentar. Yo tuve muchas experiencias sobrenaturales durante esos tiempos, pero lo que en verdad gané de esos tiempos fue un conoci-

---

[61] Why Revival Tarries (Por Qué Se Tarda el Avivamiento), p26.

miento íntimo del corazón de Dios. Y algo que Dios frecuentemente hacía era cargar mi corazón con la necesidad de orar por las almas. Yo oraba con lágrimas, en agonía, algunas veces gritando con mi boca en mi almohada para que mi familia no me escuchara.

Aunque, para ser honesto, tengo muchas más responsabilidades, como quiera hago el esfuerzo de pasar muchas horas con Dios diariamente. Y en muchas ocasiones cuando oro por ciertos individuos literalmente puedo sentir la opresión demoníaca sobre sus vidas. Este tipo de oración e intercesión para las almas no funciona como magia. Muchas veces debemos ser tenaces y tal vez tome años, pero yo he decidido de no retroceder en esta pelea y trataré de ganar tantas personas como sea posible en oración.

Amy Carmichael escribió,

> "O por una pasión apasionada por las almas,
>
> ¡O por una pena que anhela!
>
> O por un amor que ama hasta la muerte,
>
> ¡O por un fuego que quema!
>
> O por el puro poder de oración que prevalece,
>
> ¡Que se derrama por los perdidos!
>
> Oración victoriosa en el Nombre del Vencedor,
>
> ¡O por un Pentecostés!"[62]

Haciéndolo práctico

---

[62] Ibid, p108.

Tal vez ya usted está convencido que le gustaría orar más para las almas pero no está seguro de cómo comenzar. Déjeme darle unos consejos prácticos.

1. *Escoge un lugar y un tiempo*

Recuerdo escuchar a Charles Stanley decir, "antes que puedas comenzar a orar en cualquier lugar al cualquier tiempo, usted debe aprender cómo orar en algún lugar a un cierto tiempo." En otras palabras, si quiere formar una disciplina de oración entonces usted debe hacer espacio para esto en su agenda diaria. Si la oración es una prioridad para usted entonces buscaría un tiempo y un lugar donde pueda pasar tiempo con Dios. Escoja una hora cuando está más alerta y no va a estar muy distraído o cansado. Luego escoja un lugar donde pueda hablar con Dios sin problema.[63] Es importante que usted forme una disciplina en su tiempo de oración.

2. *Tome tiempo para leer la palabra y adorar a Dios*

Si quieres orar con el corazón de Dios y con Su perspectiva es importante que usted pase tiempo en Su palabra, donde Su voluntad es revelada. Conocer Su voluntad le permitirá orar con autoridad y convicción. Pero también quiere adorar porque en la adoración Dios es elevado, en su propia mente, sobre cada enemigo y circunstancia impidiendo que un alma sea salvada. Como he escuchado a algunos decir, "es imposible preocuparse y adorar a la misma vez." A través de la oración usted puede encontrarse y experimentar a Dios mismo, no solo intelectualmente, sino de espíritu a espíritu. Esto permite que Dios impresione Su corazón sobre

---

[63] Si quiere conocer una buena serie sobre la oración por favor mira la serie de Robert Morris o lee su libro llamado "Frequency" (Frecuencia).

el suyo. Como resultado usted no va a orar por un sentido del deber, sino por una compasión que está fluyendo del mismo corazón de Dios. Va a querer que otros experimenten Su bondad así como usted.

3. Tenga una lista de personas que usted pueda consistentemente presentar ante Dios en oración

Aunque queremos que el mundo entero venga a Cristo, es más fácil si pone su enfoque sobre pocos. Como ya hay un afecto natural por las personas que usted conoce, comienza con familiares y amistades para que Dios se los ponga en su corazón. Será más fácil orar por ellos que orar por algún desconocido al menos que Dios cargue su corazón con tal persona. Haz una lista de cinco a diez nombres que pueda comprometerse a orar por ellos regularmente hasta que suceda algo.

4. Declare la palabra de Dios y venga en contra de toda oposición

Yo mencioné anteriormente que el orar por las almas es guerra. Por esta razón usted debe reconocer cuáles son las armas que usted posee y cómo usarlas si quiere ser eficaz. La Biblia dice que la palabra de Dios es en realidad "la espada del Espíritu" (Efesios 6:17). Entonces ármese con promesas Bíblicas con la cual usted pueda declarar sobre la(s) persona(s) por la(s) cual(es) estás orando. Encuentre versos que tengan que ver con la salvación, liberación, sanidad, y encuentros con Dios. Ate el hombre fuerte operando en la vida de la persona (Mateo 12:29). Ore que sus ojos espirituales sean abiertos (Efesios 1:18). Usted puede personalizar las escrituras para ellos si usted no sabe qué decir, por ejemplo, " Yo oro para que 'Juan' sea lleno del conocimiento de Su voluntad en toda sabiduría e inteligencia espiritual, para que 'Juan' ande como es digno del Señor, agradándole en todo, llevando fruto en toda buena obra, y creciendo en el conocimiento de Dios" (Colosenses 1:9-10). O "Dios, tú no estás dispuesto a que 'Juan' perezca sino que él venga al arrepentimiento (2 Pedro 3:9) entonces te pido que le traigas convicción a 'Juan' de pecado, justicia y juicio (Juan 16:8) para que él pueda invocar tu nombre y sea salvo (Romanos 10:13).

5. Espera que Dios trabaje

Manténga su fe durante el proceso. Algunas veces se ve como si la persona se está poniendo peor y que sus oraciones no están teniendo ningún efecto. Pero recuérdese de la promesa de Dios, "La oración eficaz del justo puede mucho" (Santiago 5:16). Sus oraciones están funcionando y las circunstancias y actitudes que ve pueden ser ellos resistiendo la convicción del Espíritu Santo o Dios posicionándole para un rompimiento. Tal vez Él permita que ellos caigan al fondo para que la única dirección que ellos puedan mirar es arriba hacia Dios. Mientras usted invierta tiempo en estas personas, continué orando por cada uno de ellos hasta que ellos se rindan o hasta que Dios le quite la carga por ello de su corazón.

Entones, ¿le darás tiempo a la oración por los perdidos? ¿Permitirá que Dios cargue su corazón con las almas hasta que el dolor sea tan profundo que usted no pueda articular palabras mientras clama apasionadamente por su salvación? Debemos predicar, debemos evangelizar, pero también debemos orar.

El Avivamiento y el Evangelismo

"Por lo cual dice: Despiértate, tú que duermes, Y leván-
tate de los muertos, Y te alumbrará Cristo" (Efesios
5:14)

El tiempo de los mejores alcances suceden durante tiempos de avivamientos. Esto se ha visto a través de la historia de la Iglesia y también en la Biblia. Mi corazón anhela ver diluvios de avivamiento inundar esta nación y todo el mundo otra vez. Es mi convicción que la cosecha más grande de almas viene durante periodos de avivamiento.

Hay muchos que han escrito y hablado sobre este tema de avivamiento. Yo no voy a intentar de competir ni atacar ningún punto de vista en particular. Yo no soy un teólogo ni tampoco un historiador de avivamiento. Pero sí me gustaría dar mi perspectiva humilde y limitada sobre este tema basado en lo que he recibido de tiempo en oración y la Palabra. Mucho de lo que voy a compartir viene de lo que yo creo que el Espíritu Santo me ha enseñado durante tiempos largos en oración y reflexión sobre este tema que es muy querido por mi corazón.

¿Qué es el avivamiento?

Como un diluvio rompiendo tras una presa de agua, avivamiento es cuando el reino de Dios rompe y entra a este mundo a través de un gran derramamiento del Espíritu Santo. Cuando Dios derrama Su Espíritu de esta manera, el Espíritu trae el reino y lo manifiesta en nuestros medios en una manera poderosa. Avivamiento es la manifestación más cercana del reino de Dios en la tierra antes del retorno de Jesús.

Yo he basado este entendimiento en tres ejemplos de avivamiento en el Nuevo Testamento. Yo creo que un avivamiento ocurrió en Hechos 2, 8, y 19.

Ejemplos de avivamiento en el libro de los Hechos

En Hechos vemos el cumplimento de la promesa hecha por el Padre en el libro de Joel 2. Pedro cita esta promesa en los versos 17 al 21,

> Y en los postreros días, dice Dios, Derramaré de mi Espíritu sobre toda carne, Y vuestros hijos y vuestras hijas profetizarán; Vuestros jóvenes verán visiones, Y vuestros ancianos soñarán sueños; [18] Y de cierto sobre mis siervos y sobre mis siervas en aquellos días Derramaré de mi Espíritu, y profetizarán. [19] Y daré prodigios arriba en el cielo, Y señales abajo en la tierra, Sangre y fuego y vapor de humo; [20] El sol se convertirá en tinieblas, Y la luna en sangre, Antes que venga el día del Señor, Grande y manifiesto; [21] Y todo aquel que invocare el nombre del Señor, será salvo.

El principio del cumplimiento de esta promesa ocurrió en el día de Pentecostés después de un tiempo largo de oración.

Cuando llegó el día de Pentecostés, estaban todos unánimes juntos.

> [2] Y de repente vino del cielo un estruendo como de un viento recio que soplaba, el cual

llenó toda la casa donde estaban sentados; [3] y se les aparecieron lenguas repartidas, como de fuego, asentándose sobre cada uno de ellos. [4] Y fueron todos llenos del Espíritu Santo, y comenzaron a hablar en otras lenguas, según el Espíritu les daba que hablasen. (2:1-4)

Al final del día 3,000 personas entregaron sus vidas a Jesús en la ciudad de Jerusalén – la misma ciudad donde Él fue rechazado y crucificado (v41).

Luego, en obediencia al mandato de Jesús a ser Sus testigos "en Jerusalén, en toda Judea, en Samaria, y hasta lo último de la tierra" (1:8), el próximo lugar donde vemos algo similar es en Samaria. Después una persecución se desató en Jerusalén y Judea y muchos cristianos tuvieron que huir. Pero mientras huían ellos comenzaron a ministrar donde quiera que iban.

Pero los que fueron esparcidos iban por todas partes anunciando el evangelio. [5] Entonces Felipe, descendiendo a la ciudad de Samaria, les predicaba a Cristo. [6] Y la gente, unánime, escuchaba atentamente las cosas que decía Felipe, oyendo y viendo las señales que hacía. [7] Porque de muchos que tenían espíritus inmundos, salían éstos dando grandes voces; y muchos paralíticos y cojos eran sanados; [8] así que había gran gozo en aquella ciudad. (8:4-8)

El avivamiento en esa ciudad fue tan fuerte que aún el mago más poderoso, Simón, quien había engañado a la ciudad entera con su magia (8:9-11) creyó al evangelio y fue bautizado (v13).

Y por último, vemos en el capítulo 19 que Pablo va a la ciudad de Éfeso. Y mientras él se quedó algunos años enseñando acerca del reino de Dios en las sinagogas, él también predicaba y hacía grandes señales entre el pueblo de esa ciudad. "Y hacía Dios milagros extraordinarios por mano de Pablo, ¹² de tal manera que aún se llevaban a los enfermos los paños o delantales de su cuerpo, y las enfermedades se iban de ellos, y los espíritus malos salían" (19:11-12).

Como resultado de lo que Dios estaba haciendo a través de Pablo,

> "muchos de los que habían creído venían, confesando y dando cuenta de sus hechos. ¹⁹ Asimismo muchos de los que habían practicado la magia trajeron los libros y los quemaron delante de todos; y hecha la cuenta de su precio, hallaron que era cincuenta mil piezas de plata. ²⁰ Así crecía y prevalecía poderosamente la palabra del Señor." (v18-20)

Las señales de avivamiento

Después de estudiar estos tres pasajes donde noté que el avivamiento estaba sucediendo, yo observé ochos elementos que se pueden describir como señales de avivamiento.[64] Estos ochos elementos, cualidades o acontecimientos se pueden ver en la mayoría de avivamientos a través de la historia de la Iglesia.

1. La iglesia vuelve a su primer amor

Si puedes notar, los mismos discípulos que estaban desanimados y miedosos después de la muerte de Jesús recibieron nueva vida y pasión después de verlo a Él levantado de la muerte y después de recibir el derramamiento del Espíritu Santo. Ellos regresaron a su primer amor.

Hay muchas iglesias y cristianos hoy que están sin gozo y celo de Dios. Son religiosos, enfocados en apariencias externas, formalidades y tradiciones de hombres. Están sin poder, son analfabetas bíblicamente, y ociosos espiritualmente. Tal vez pueden estar haciendo muchas de las cosas correctas, pero han perdido su primer amor.[65]

Pero cuando viene el avivamiento, la iglesia vuelve a ese primer amor. Algunos sinónimos buenos para el primer amor son hambre, y una insatisfacción o desesperación santa. Un cristiano que está en su primer amor es como un hombre hambriento. Él busca, come, y se alimenta con la presencia de Dios. Un cristiano en su primer amor mantiene una insatisfacción santa. Nada lo puede satisfacer meno de estar en la presencia de Dios. Hay una desesperación en

---

[64] Yo añadí los puntos 2 y 8 después de más reflexión y leer otros materiales. Es importante notar que no todos los avivamientos manifestarán los ochos puntos. Pero ciertos elementos casi siempre aparecerán como, por ejemplo, la convicción de pecado y la vida de santidad o la conversión de multitudes de pecadores.

[65] Vea Apocalipsis 2:1-7

como el busca su Señor. Él pasa lo más tiempo posible leyendo Su palabra, perseverando en la oración, sirviendo Su pueblo, amando y exhortando pecadores con el evangelio. Sus ojos están enfocados. Su mente está estrecha. El solamente ve una cosa, quiere una cosa, deseas una cosa – de permanecer en el amor y la presencia de Dios. Su más grande placer es obedecer a Dios. La santidad, para él, no es una carga sino un privilegio.

2. Hay una profunda convicción de pecado y vida de santidad

J. Edwin Orr, un historiador de avivamiento, dijo que el "Avivamiento es como el día del juicio." Lo que él quiso decir es que cuando el Espíritu Santo es derramado Él trae fuertes impresiones de convicción. Jesús nos dijo que cuando venga el Espíritu Santo el "convencerá al mundo de pecado, de justicia y de juicio" (Juan 16:8). Entonces el horror del pecado es magnificado en la presencia del Santo. Con tal tangibilidad de la presencia del Espíritu Santo, las personas comienzan a confesar y a arrepentirse de sus pecados profundos y ocultos. Se ha reportado aun personas que se han desmayado de bajo de tanto peso de esa convicción en tiempos de avivamientos.

Pero después olas de perdón vienen sobre las personas y hay mucha paz y regocijo mientras las personas adquieren un entendimiento de que Dios los ha lavado de sus pecados en la sangre de Jesús. Esto luego impulsa a las personas a nuevos niveles de consagración y vidas en santidad. Más grandes porcentajes de personas se mantienen fieles y no se descarrían cuando ellos son convertidos o consagrados durante tiempos de avivamiento.

3. La Gran Comisión es cumplida con nueva pasión y fuego

Cuando los Cristianos vuelven a su primer amor y consagran sus vidas ellos son llenos con nuevo fuego y deseo de hablar acerca de la persona de quien están enamoradas – Jesús. Ya no sólo es una disciplina para ellos. Ahora ellos no pueden pararse de ir alrededor y hablar de Jesús. Están tan emocionados y llenos de gozo por compartir el evangelio. Esto es contagioso y la gente comienza a responder. Los corazones de los creyentes comienzan a rebosar y están dispuestos a ir hasta el fin del mundo aun para alcanzar una persona y compartir las buenas nuevas de salvación. Note que en cada uno de estos avivamientos la prédica se dispersaba como fuego.

4. Grandes multitudes de pecadores son convertidos

Con todos los cristianos hablando de Jesús y la abundante presencia del Espíritu Santo empoderando sus palabras muchos pecadores comienzan a escuchar y tornarse a Dios. Ellos comienzan a venir bajo convicción. Se ha dicho que aún durante el Avivamiento de Gales de los 1900's las barras y las discotecas se cerraron, y el crimen bajó. Algunas personas aún se convertían sin alguien que les predicara. La presencia de Dios estaba tan pesada sobre la ciudad. En Jerusalén, primero 3,000 y después 5,000 (Hechos 4:4), y después las ciudades de Samaria y Éfeso vieron gran números de pecadores ¡entregándose a Jesús!

Los siguientes son algunos pasajes que hablan del gran aumento en el libro de Hechos. "Y los que creían en el Señor aumentaban más, gran número así de hombres como de mujeres" (5:14). "Y crecía la palabra del Señor, y el número de los discípulos se multiplicaba grandemente en Jerusalén; también muchos de los sacerdotes obedecían a la fe" (6:7). "Entonces las iglesias tenían paz por toda Judea,

Galilea y Samaria; y eran edificadas, andando en el temor del Señor, y se acrecentaban fortalecidas por el Espíritu Santo" (9:31). "Y la mano del Señor estaba con ellos, y gran número creyó y se convirtió al Señor" (11:21). "Y una gran multitud fue agregada al Señor" (11:24). "Pero la palabra del Señor crecía y se multiplicaba" (12:24). "Así que las iglesias eran confirmadas en la fe, y aumentaban en número cada día" (16:5).[66]

5. Se desatan señales y prodigios sobrenaturales

Donde quiera que haya un avivamiento también siguen los milagros. Recuérdese que el avivamiento se trata del Espíritu Santo trayendo el reino y por lo tanto lo sobrenatural comienza a seguir a los creyentes y confirma su mensaje. Podemos ver milagros, sanidades y liberaciones abundar mientras la gracia de Dios viene sobre las personas.

6. Las estructuras de la sociedad son impactadas y cambiadas por principios bíblicos

Con la conversión de tantos pecadores las cosas comienzan a cambiar en el mismo corazón y cultura de una ciudad. En Éfeso la gente quemaba sus libros y bienes parafernales de brujería. Ellos pararon de comprar ídolos de los comerciantes. Si cambias un corazón, puedes cambiar una vida. Si cambias una vida, puedes cambiar una familia. Si cambias una familia, puedes cambiar un vecindario. Si cambias un vecindario, puedes cambiar una ciudad. Si cambias una ciudad, puedes cambiar una nación. Si cambias una nación, puedes cambiar ¡el mundo!

---

[66] *Revival Fires: Histories Mighty Revivals* (Fuegos de Avivamiento: Los Grandes Avivamientos de la Historia), Geoff Waugh, p17.

Sólo imagine el crimen y la inmoralidad en su vecindad disminuyendo. Imagine a los pobres y las personas con adicciones siendo ayudados y liberados. Sólo imagine una ciudad llena de amor, el evangelio, y la justicia. ¡Esto sí puede suceder! ¡Esto sucede durante tiempos de avivamiento!

7. El reino y las obras de Satanás son desarraigados y destruidos.

Cuando el avivamiento viene, las vendas sobre los ojos de la gente comienzan a caer; las fortalezas mentales comienzan a desmoronarse; sus adicciones pecaminosas comienzan a ser destruidas. La gente comienza a ser liberada de espíritus de depresión, estrés postraumático, esquizofrenia, lascivia, y amargura. Las brujas y los hechiceros comienzan a perder su poder sobre la gente.

8. Unidad en el cuerpo de Cristo

Aunque la unidad puede ser un precursor al avivamiento, también es un resultado del avivamiento. Mira lo que dice Hechos 2:42-46,

> Y perseveraban en la doctrina de los apóstoles, en la comunión unos con otros, en el partimiento del pan y en las oraciones. [43] Y sobrevino temor a toda persona; y muchas maravillas y señales eran hechas por los apóstoles. [44] Todos los que habían creído estaban juntos, y tenían en común todas las cosas; [45] y vendían sus propiedades y sus bienes, y lo repartían a todos según la necesidad de cada uno. [46] Y perseverando unánimes cada día en

el templo, y partiendo el pan en las casas, comían juntos con alegría y sencillez de corazón

Cuando el avivamiento viene las líneas de color son borradas en la sangre de Cristo.[67] Distinciones doctrinales, aunque son importantes, se convierten en secundarias a la "unidad del Espíritu" (Efesios 4:3) y a lo que el pueblo sí tiene en común en Cristo. Este es el deseo del corazón de Cristo, "que todos sean uno; como tú, oh Padre, en mí, y yo en ti, que también ellos sean uno en nosotros; para que el mundo crea que tú me enviaste" (Juan 17:21).[68]

Le estoy diciendo ¡necesitamos avivamiento, y lo necesitamos ahora!

¿Cómo viene avivamiento?

Esta pregunta puede ser bien controversial. La pregunta que es debatida en muchos círculos teológicos es "¿Es el avivamiento algo que Dios hace soberanamente en Su tiempo o puede el hombre provocar a Dios a mandar avivamiento cuando quiere el hombre? En otras palabras, ¿viene avivamiento sólo cuando Dios quiere o puede el

---

[67] Waugh, p91.

[68] Aunque esto es cierto, eso no significa que todo el mundo siempre está de acuerdo. La persecución se pudiera añadir a esta lista de cosas que suceden durante los avivamientos. Siempre se levanta oposición de afuera y de adentro del cuerpo de Cristo. La gente hablan mal de las cosas que no entienden y a veces prefieren aferrarse a sus tradiciones o posiciones. A veces aun falsas imitaciones o distorsiones se levantan y se usan en contra de los avivamientos genuinos. La mejor manera de saber si lo que está diciendo la oposición es correcto es si usted hace sus propias investigaciones, y no sólo coge la palabra de otra persona. Si es posible apártese y forme sus propias conclusiones.

hombre provocar a Dios mandar avivamiento en cualquier tiempo?

Yo creo que la respuesta es ¡SÍ! Dios sólo enviará avivamiento cuando Él quiere y a la misma vez Él puede ser provocado cuando nosotros deseamos avivamiento.

Estas son algunas preguntas que nos podemos preguntar: Según nuestra definición de avivamiento, ¿es Su voluntad derramar Su Espíritu poderosamente? ¿Es Su voluntad que Su reino venga, que Su voluntad sea hecha aquí en la tierra como en el cielo? ¿Es la voluntad de Dios que Su iglesia viva en su primer amor, que pecadores se conviertan, y que las obras de Satanás sean destruidas?

Yo creo que todos podríamos mover nuestras cabezas diciendo "sí". Entonces la próxima pregunta que necesitamos preguntarnos a nosotros mismos es, ¿es la voluntad de Dios que todo esto suceda hoy? Si es, ¿entonces por qué no tenemos un avivamiento ahora? ¿Por qué no estamos experimentando avivamiento ahora?

Yo estoy de acuerdo con Leonard Ravenhill. La razón más grande por la cual no tenemos avivamiento ahora es porque en verdad no lo queremos. No estamos dispuestos a pagar el precio. Yo creo que es la voluntad de Dios que tengamos un avivamiento, y que lo tengamos ahora. Pero, para experimentar un avivamiento debemos estar dispuestos a pagar el precio.

Para ver un avivamiento, yo creo, debemos estar dispuesto a, número uno, humillarnos ante Dios. 2 Crónicas 7:14 dice, "si se humillare mi pueblo, sobre el cual mi nombre es invocado, y oraren, y buscaren mi rostro, y se convirtieren de sus malos caminos; entonces yo oiré desde los cielos, y perdonaré sus pecados, y sanaré su tierra." La Biblia dice que Dios le da gracia a los humildes, pero se opone a los orgullosos (Santiago 4:6).

Número dos, debemos estar dispuesto a orar tenazmente hasta que venga. El orar tenazmente significa orar persistentemente, firmemente, constantemente, y perseverantemente. La Biblia dice, "Orar sin cesar" (1 Tesalonicenses 5:17). La Biblia dice "Perseverad en la oración" (Colosenses 4:2). Jesús nos enseñó que debemos seguir buscando, seguir encontrando, y seguir tocando (Mateo 7:7).

¿Sabía usted que los Moravos, en 1727, hicieron un pacto de orar todo el día, 24 horas al día para cumplir Levítico 6:13, "El fuego arderá continuamente en el altar; no se apagará."? Ellos hicieron esto por el propósito de las misiones y esta cadena de oración duro ¡100 años! Como resultado de oración incesante ellos comenzaron un movimiento poderoso de misiones y aun impactaron la vida de Juan Wesley quien fue un gran líder en el Primer Gran Despertar.

Número tres, debemos buscar ser llenos del Espíritu Santo. Y por último, debemos salir en obediencia para cumplir con la Gran Comisión.

Cuando estas condiciones son cumplidas podemos esperar ver un avivamiento venir a nuestras iglesias, calles, comunidades y ciudades. Esto es algo que escribí en mi diario Octubre 31, 2016,

> Yo creo que un avivamiento va a venir a esta ciudad. Y este avivamiento será conocido como el Avivamiento de Amor. Sera un avi-

vamiento de amor. Va a ver sanidades, milagros, liberaciones y mucho evangelismo,
pero será todo arraigado en el amor, motivado
por el amor, y visto como un movimiento de
amor. Vamos a compartir a Jesús, servir a
otros, orar por otros, y ganar almas, no sólo
porque es lo correcto; no sólo porque es un
deber y hemos sido mandados. No. Lo vamos
hacer porque no podremos pararnos a nosotros mismo. No vamos a poder no compartir
a Jesús, ayudar y servir a otros, u orar por
otros porque nuestros corazones estarán tan
llenos de amor que va a rebosar a las calles,
en los hogares, lugares de trabajo, escuelas,
familias y en nuestras ciudades. No vamos a
poder pararnos a nosotros mismos de amar a
la gente. Vamos a ver a la gente a través de
los ojos de Dios. Tendremos una visión celestial. No seremos desanimados por el pecado, intimidados por el mal, o impedido por
la injusticia porque veremos a todo desde los
ojos de Dios, desde los ojos de amor. Dios va
a ser más grande para nosotros que los fracasos, pecados, errores y dureza de corazón de
la gente. Seremos "Bulldozers" de amor. Le
gente vendrá de todas partes y este avivamiento de amor contagiara ciudades, naciones, iglesias y movimientos. ¡Qué gloria vendrá! ¡Qué gloria vamos a ver! Yo veo un
Bronx lleno de amor y del poder de Dios. Yo
veo una ciudad que buscará la justicia y la
paz. Yo declaro que esta ciudad no será más

conocida por su gran pecado, su música de rap o su violencia.

Yo espero que usted sea motivado a orar por un avivamiento para tu ciudad, tu nación y tu vecindad. Pero antes que vayas a todo el mundo, el avivamiento tiene que comenzar contigo. ¿Se unirá conmigo en buscar este avivamiento? Yo sé que es la voluntad de Dios. Yo sé que lo veré en mi tiempo y que quiero ser parte de ello. ¿Quiere usted?

Conclusión

Este libro es el segundo en mi serie llamada "Como Cristo." El deseo de mi corazón es que podamos vivir en cumplimiento de nuestro nombre como "Cristianos." Que demostremos que somos seguidores de Jesús en cada área de nuestras vidas. Que deseemos imitar todo de Él, incluyendo como Él evangelizó.

Tal vez, después de todo lo que leyó, usted está en desacuerdo con mi perspectiva sobre el evangelismo. Eso está bien. Pero permíteme hacerle algunas preguntas: ¿Cómo definiría usted el evangelismo? ¿Su definición estaría en armonía con el ejemplo y la vida de Jesús y la iglesia del Nuevo Testamento? ¿Cómo evangelizaron Jesús y Sus seguidores?

Cual quiera que sean sus respuestas a esas preguntas, eso es lo que usted debe estar practicando y demostrando. Lo que yo sé es que cuando yo miro a las enseñanzas y la vida de Jesús y los líderes de la iglesia primitiva yo veo que el evangelismo, para ellos, envolvía ambos el compartir un mensaje y la demostración del poder de Dios.

En relación al compartimiento del evangelio Randy Clark dice,

> El asunto, entonces, es cuando escuchamos la palabra *evangelio* hoy, lo escuchamos a través de las voces de los reformadores del siglo dieciséis, cuyo enfoque era sobre la salvación, en vez de las voces de los misioneros, apóstoles, plantadores de iglesias, evangelistas, sanadores, profetas, pastores y maestros

del primer siglo quien vieron el evangelio más como *Christus Victor* – por la muerte de Jesús en la cruz, Su resurrección de la muerte, y Su Ascensión, Él ha ganado la victoria sobre el hombre fuerte, el diablo. Como resultado de esta victoria, en Su nombre, no solamente hay perdón de pecados y reconciliación con Dios resultando en vida eterna, pero también hay poder sobre la enfermedad, los demonios, el diablo, y la condenación. La sanidad y los milagros son parte de las buenas nuevas del Reino. Ellas no son primordialmente para confirmar el mensaje, sino ellas deben ser una expresión del mensaje, una parte del mensaje.[69]

Si queremos pescar hombres como lo hizo Jesús necesitamos seguir Su ejemplo y Sus instrucciones. "Y los envió a predicar el reino de Dios, y a sanar a los enfermos" (Lucas 9:2). Debemos predicar el evangelio, las buenas nuevas de quién es Jesús y lo que Él hizo por nosotros. También debemos demostrarlo con señales siguiéndole.

Sé sal y luz. Dale a los pobres, cuide a las viudas y a los huérfanos, visite a los enfermos, alcance su comunidad en todas las maneras posible. Pero no se olvide de evangelizar con poder y verá una grande cosecha venir a Jesús. "De cierto, de cierto os digo: El que en mí cree, las obras que yo hago, él las hará también; y aún mayores hará, porque yo voy al Padre" (Juan 14:12).

Y les dijo: Id por todo el mundo y predicad el evangelio a toda criatura. [16] El que creyere y fuere bautizado, será salvo; mas el que no

---

[69] *Authority to Heal* (Autoridad para Sanar), Randy Clark, p135.

creyere, será condenado. [17] Y estas señales seguirán a los que creen: En mi nombre echarán fuera demonios; hablarán nuevas lenguas; [18] tomarán en las manos serpientes, y si bebieren cosa mortífera, no les hará daño; sobre los enfermos pondrán sus manos, y sanarán. [19] Y el Señor, después que les habló, fue recibido arriba en el cielo, y se sentó a la diestra de Dios. [20] Y ellos, saliendo, predicaron en todas partes, ayudándoles el Señor y confirmando la palabra con las señales que la seguían. Amén. (Marcos 16:15-20)

Persigue el amor, porque sin él, todo lo que hacemos es vanidad. Predique el evangelio, porque es el poder de Dios para la salvación. Sea lleno del Espíritu Santo, porque cuando sea lleno será revestido de poder y será un testigo para Cristo en su Jerusalén, su Judea, su Samaria, y hasta los confines de la tierra.

Apéndice: En Búsqueda de Tesoros

Me gustaría recomendar una forma de evangelismo que utilizará todo lo que usted ha aprendido en este libro. Esta forma de evangelismo es divertida pero desafiante, práctica pero eficáz, y depende completamente de lo sobrenatural de principio a fin. Esto es algo que puede hacer solo o en grupo, que en realidad es mejor. Se llama una Búsqueda del Tesoro.

Kevin Dedmon, en su libro *The Ultimate Treasure Hunt*, describe una manera de llegar a las almas a través de encuentros y revelaciones sobrenaturales. Dedmon relata que somos el tesoro de Dios y así como Jesús dejó todo para buscarnos y salvarnos, podemos unirnos a Dios en "cazar tesoros" para que lo conozcan. El proceso de rastrear los tesoros se basa en parte en la historia que se encuentra en Hechos 9 cuando Dios le hablo a Ananías acerca de Saulo de Tarso. Él le dio instrucciones sobrenaturales a través de palabras de ciencia para ir a una calle en particular, encontrar un hogar en particular, conocer a una persona en particular, y orar por una necesidad en particular (9:10-19).

En todo nuestro alrededor hay pecadores, pero las cacerías de tesoros nos ayudan a dirigirnos a aquellas personas que podrían estar más abiertas a recibir y escuchar de Dios. A partir de esta historia Dedmon ha desarrollado una estrategia sobre cómo encontrar almas que necesitan una palabra o toque de Dios. Entonces, la manera cómo esto funciona es que la persona debe tratar de hacer esto en un grupo de 3 a 4 personas máximo. Este grupo de cazadores de tesoros debe entonces pasar un momento en oración y pedirle a Dios que le revele a alguien que Él quiere que ellos alcancen con Su amor.

Después de un breve momento de oración todos deben estar listos para llenar su propio "mapa del tesoro" con las palabras de ciencia que recibieron cuando estuvieron en oración. El mapa del tesoro es una lista que se compilará de los detalles recibidos de Dios. Las cosas que anotará son: localización, nombre de la persona, apariencia de la persona, necesidad de la persona y cualquier cosa inusual. No debe escribir párrafos de información, sólo breves descripciones y palabras.

Localización: ¿Qué le esta mostrando Dios de donde la persona podría estar? (Señal de pare, banco, reloj digital, cafetería, Target, Wal-Mart, etc.)

Nombre de la persona: ¿Qué nombre o nombres puso Dios en su corazón para esa persona? (Juan, María, etc.)

Apariencia de la persona: ¿Qué tipo de ropa tiene la persona o qué aspecto tienen? (El color de sus prendas de vestir específicas, el color de su cabello, etc.)

Necesidad de la persona: ¿Para qué necesitan oración? (Rodillera, bastón, riñones, tumor, tobillo izquierdo, matrimonio, etc.)

Algo inusual: ¿Qué vino a la mente que no encaja en las otras categorías o que no está seguro de lo que Dios quiso decir? (un dulce, molino de viento, puerta verde-limón, delfines, etc.)[70]

---

[70] Adaptado del apéndice en *The Ultimate Treasure Hunt* (La Mejor Caza de Tesoros) por Kevin Dedmon.

En una ocasión el año pasado, después de haberle enseñado a los jóvenes cómo hacerlo, decidieron probarlo. Se reunieron y se dividieron en grupos más pequeños. En su primer intento, después de combinar los detalles en los mapas del uno al otro, fueron capaces de ministrar a alguien que coincidía con las descripciones que habían escrito. Por ejemplo, una persona tenía " gafas de sol negros", otro tenía "camisa blanca", otra tenía "depresión" y otra tenía "trenzas". Cuando salieron en búsqueda de los tesoros, después de algún tiempo caminando encontraron una mujer con su pelo trenzado, llevando una camisa blanca de cuello-v y las gafas de sol negras colgando de su camisa. Se acercaron a ella y le explicaron lo que estaban haciendo. Luego le preguntaron si estaba padeciendo de depresión. La mujer inmediatamente comenzó a llorar. Les confesó que estaba padeciendo de una depresión severa e incluso estaba contemplando el suicidio. Terminaron orando por ella y ¡ministrando a esa necesidad!

Ellos tuvieron un éxito en su búsqueda del tesoro. Yo, por otra parte, en mi primer intento, fracasé miserablemente. Primero, las personas con las que lo hice tenían sus propias ideas de cómo se debía trabajar la búsqueda del tesoro. Y segundo, los detalles que habíamos escrito no llegaron a cumplirse. Algunos eran demasiado generales. Por ejemplo, yo tenía "pelo negro y abrigo negro" para la apariencia. Era invierno cuando esto sucedió. La mayoría de la gente afuera tenían ¡pelo negro y abrigos negros! Paré por lo menos 3 personas con esa descripción y ¡ninguno de ellos tenían ninguno de los otros detalles en ninguna de nuestras listas! Llegamos a orar por alguien que tenía una necesidad que estaba en nuestras listas y tenía un abrigo negro y pelo negro. Pero no pegaba perfectamente.

Digo esto, en primer lugar, para hacerle saber que no todo el mundo tendrá una experiencia exitosa cada vez. No se desanime. En segundo lugar, sugeriría que las personas con quien usted se una para hacer esto entiendan el concepto de la búsqueda del tesoro y que cada uno esté con una mente y un corazón unido sobre qué va a suceder. Tercero, usted no tiene que ser "súper espiritual" para hacer esto. Los niños pueden hacer esto. Los recién convertidos pueden hacer esto. Así que no piense demasiado en esto. Simplemente anote las imágenes, pensamientos o impresiones que reciba cuando esté orando. Incluso si no está seguro, anótelo. En cuarto lugar, utilice los mapas del uno al otro para combinar los detalles. Por ejemplo, su lista podría tener el nombre de una persona, mientras que otra persona tenga la apariencia física, y otra persona tenga la necesidad, etc. Cada lista, por sí misma, no contiene todos los detalles de la persona. Esto será un esfuerzo de equipo. Por supuesto, este no será el caso si usted decide hacerlo solo. Por último, simplemente diviértase. Estás haciendo esto por amor y porque tienes algo de Dios para compartir. Así que no tenga miedo, salga con fe.

Esto es sólo un breve resumen. Si quiere saber más acerca de cómo salir en búsqueda de tesoros compre libros sobre este tema y luego ponlo en práctica. Esto es una gran manera de fortalecer su fe y confianza en el Espíritu Santo. Cada don será utilizado en este ejercicio. Es una gran manera de entrenar y animarse a sí mismo y a los demás a caminar en fe y evangelizar con el poder sobrenatural de Dios. Así que camine en fe y siga los pasos de Jesús y los discípulos de la iglesia primitiva. El evangelismo de poder es un evangelismo semejante al de Cristo.

Bibliografía

Baker Publishing Group. 2004. "Power Through Prayer." In *The Complete Works of E. M. Bounds on Prayer*, by E. M. Bounds, 445-493. Grand Rapids, MI: Baker Books.

Bosworth, F. F. 2008. *Christ the Healer.* Grand Rapids, MI: Chosen Books.

Brooks, Steven. 2014. *How to Operate in the Gifts of the Spirit.* Shippensburg, PA: Destiny Image.

Clark, Randy and Timothy Berry and Annie Byrne and Chris Ishak. 2011. *Entertaining Angels: Engaging the Unseen Realm.* Mechanicsburg, PA: Apostolic Network of Global Awakening.

Clark, Randy. 2016. *Authority to Heal.* Shippensburg, PA: Destiny Image.

—. 2015. *La Guia Biblica para la Liberacion.* Lake Mary, Fl: Charisma House. Kindle Edition.

—. 2011. *Words of Knowledge.* Mechanicsburg, PA: Apostolic Network of Global Awakening. Kindle Edition.

Dedmon, Kevin. 2007. *The Ultimate Treasure Hunt.* Shippensburg, PA: Destiny Image.

Medic, Praying. 2015. *Divine Healing Made Simple.* Gilbert, AZ: Inkity Press TM. Kindle Edition.

Ravenhill, Leonard. 1987. *Why Revival Tarries.* Minneapolis, MN: Bethany House.

Stanley, Charles. n.d. *In Touch Daily Devotions.* http://www.intouch.org/read/magazine/daily-devotions/how-to-increase-your-faith.

Thomas, Art. 2011. *The Word of Knowledge in Action.* Shippensburg, PA: Destiny Image. Kindle Edition.

—."10 Things Jesus Never Said About Healing". YouTube video, 1:10:21. Posted February 2014. https://www.youtube.com/watch?v=hHDKIfcbn2g.

Valloton, Kris. 2014. *Basic Training for the Prophetic Ministry.* Shippensburg, PA: Destiny Image. Kindle Edition.

Waugh, Geoff. 2011. *Revival Fires: History's Mighty Revivals.* Mechanicsburg, PA: The Apostolic Network of Global Awakening.

Material Recomendado

Además de lo que aparece en la Bibliografía, los siguientes son algunos buenos materiales en español para ayudarle a continuar creciendo y aumentando su hambre por lo sobrenatural.

Videos por Art Thomas, Todd White, Dan Mohler, Randy Clark, Bill Johnson, y Sid Roth en YouTube

Los Generales de Dios (la serie) por Roberts Liardon

La guía esencial para la sanidad, Hay Algo Más, por Randy Clark

Victoria Sobre la Oscuridad, Rompiendo las Cadenas, Discipulado en Consejería por Neil T. Anderson

Cuatro Claves para Oir la Voz de Dios por Mark Virkler

Evangelización Poderosa por John Wimber

Cómo Experimentar un Avivamiento por Charles G. Finney

Azusa Street por Frank Bartleman

Sueños y Visiones por Jane Hamon

Echaran Fuera Demonios por Derek Prince

Las Batallas Espirituales por Kris Valloton

La Cuarta Dimension por Dr. David Yonggi Cho

¡Oíme bien Satanás! por Carlos Annacondia

El primer libro de esta serie, *Como Cristo: Siguiendo Sus Pasos*, está disponible de forma gratuita en el formato PDF.

Solicite una copia por correo electrónico. Escriba a schjjv@msn.com.

www.ingramcontent.com/pod-product-compliance
Lightning Source LLC
Chambersburg PA
CBHW071530040426
42452CB00008B/951